TRAVEL

天窗出版

只花 $2.3 萬

平遊歐洲 86日

Stella Yeung 著

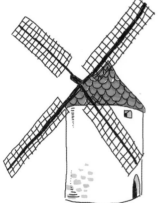

目錄

CHAPTER 01
用 $2.3 萬歐遊 86 天

CHAPTER 02
關於女生獨遊歐洲，我想問的是……

CHAPTER 07
不只風車的荷蘭

CHAPTER 08
漫遊於比利時周邊小鎮

CHAPTER 09
讓人慢下來的盧森堡

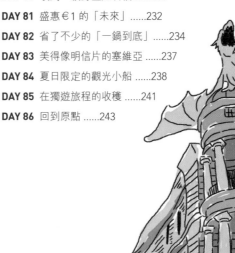

推薦序

對我們而言旅行是一種養分，令人渴望不斷遠行，不只是因為沿路上的風光美景，還有在路上所遇見的人事物，都會為自己的成長帶來啟發與改變，無論過程中遇到好事或壞事，亦是給我們面對世界及學習的好機會。

Stella 跟我們一樣同是旅行狂，亦同樣將旅行變成一個個的挑戰及夢想，不過如果只看外表的話，她給人的印象是個文青女孩，很難想像她是個旅遊資歷豐富的背包客。

一個人長途旅行絕不容易，要獨自面對所有未知之數，但這個小女孩一次又一次背著大背包出走，每次聽到她如何運用其小小儲蓄，走進不同國度裡探索的故事，都令我驚訝！平價入住別墅？在歐洲可以平食海鮮？一蚊歐羅坐過境巴士？看完她的故事，你跟我們一樣會很想問她：為何這個小小身軀下竟然可以藏著無限智慧及勇氣！

Nat & Hiro

全職旅行家｜《473 天環遊世界》作者
Facebook 專頁：NAT & HIRO【跟星球去旅行 The Planet Journey】

推薦序

旅遊，讓我們看到新事物，更讓我們認識這個世界。林懷民說過：「年輕的流浪，是一輩子的養分。」置身陌生的風景和事物，有時候我們會若有所失，但同時也使我們獲得一種心靈的放牧。

去一趟旅遊不難，開始一段新的歷程卻不易，Stella 今次記錄了其86 天歐遊的經歷，當中的故事有著甜酸苦辣的味道，也帶著幾分青澀。

認識了 Stella 近五年，看見她一直在路上堅持，堅持寫著自己喜歡的人和事，在這個「速食」的年代實屬難得。希望大家也可以從 Stella 的文字裡面獲得啟發，希望大家可以找到屬於自己的勇氣，跟 Stella 一樣能夠遠走高飛，走出一條不一樣的路。

最後，希望在這裡勸勉大家要堅持自己所相信的事，不要因為眼前的困難而放棄，最後無論結果如何，都定必會無悔自己走過的旅程。

Daneil Cheung

DCFever 旅遊頻道負責人｜旅遊專欄作家
Facebook 專頁：半個旅遊記者的故事

推薦序

歐洲，給人的感覺就是要花大錢才能遊遍的地方，那種壓力令人不禁對歐洲旅遊卻步。其實旅遊方法有很多種，如何能夠從省錢＋體驗＋享受當中取得平衡，絕對是一門學問！

未出發就要先由搶機票開始省錢，在省錢之餘又能感受當地的特色，看 Stella 這本書，不僅是教大家如何「平遊」，也教大家怎可以玩得盡興，從小故事中領略各地的文化和有趣之處，即使短期內沒有歐遊的計劃，看畢也像跟著 Stella 的步伐，去了一趟 86 天的歐洲旅行一樣！

Cyrus Chan

韓國流行文化及旅遊達人｜旅遊作家
Facebook 專頁：除了旅行、還是旅行。

推薦序

與 Stella 素未謀面，但當知道可以為佢第一本遊記寫推薦序嘅時候，我直覺點一點頭，無半點猶豫就一口答應，諗返轉頭，明明人又唔識，書又未睇，點解我會諗都唔諗就答應㗎呢？因為我曾經想做到嘅事，佢做到了，我知道嗰種喜悦，莫名地衷心替佢高興，於是乎情不自禁㩒飯應了。

七年前我都曾經 20K 叫平平地歐遊過 35 日，但 Stella 係 86 日，多我成 51 日喎大佬！不禁令我幻想咗一秒，佢係咪要日日捱法包同「行路上廣州」咁㗎呢？仲要一個人喎！唔驚㗎咩？傻豬嚟嘅，咪就係 Stella 勇過你，精打細算過你，所以做到你做唔到嘅嘢囉～

呢本遊記，Stella 除咗慷慨地開心 Share 平遊心得之外，仲用心分享旅程中種種苦與樂，表面上係一本遊記，而我睇到嘅卻係一本，記錄一個勇於跳出舒適圈面對自己嘅女生，全心全意感受當下嘅心靈日記，亦都提醒咗我自己，體驗人生同樣可以有唔同角度唔同方式，只視乎你有無放慢無意識嘅忙碌腳步去發掘同嘗試。

插畫師 | HEA 旅人
Facebook 專頁：C 孔 | Carol Hung, C 孔旅人手記

自序

從五年前剛開始寫遊記時，一切都只是因為覺得好玩，希望可以用文字和圖片和別人分享旅途點滴，完全沒有想過旅行可以為自己帶來任何東西。時至今日，沒想到原來自己已經透過每一次的旅程慢慢成長，更沒想到的是居然有機會可以出版旅遊書，讓自己的旅遊經歷給更多人看見，這兩個「沒想到」到現在依然讓我覺得有點不可置信。

鼓起勇氣挑戰一個人到歐洲旅行，背著十多公斤的背包從香港出發，獨自飛到幾千公里之外的陌生國家，面對前所未見的文化衝擊、語言考驗，當中有不少趣事發生，也有難過的時候，不過一個人在外就只好咬緊牙關撐過去。慶幸在路上一直遇到許多熱心幫忙的人，也認識很多來自世界各地的朋友，為整段行程添上歡笑聲，讓我在旅程的每一天都過得充實而滿足。

偶爾夜深的時候會看著窗外想：如果當初因為害怕而沒有獨自出門，沒有經過旅途中的歷練，那大概就不會有今天的我吧？

When you want something, all the universe conspires in helping you to achieve it.

- Paulo Coelho

這本書並不是市面上常見的旅遊工具書，內容沒有景點攻略和介紹，更沒有任何星級餐廳推薦，只有一個女生在86天中所遇見的人和事、內心的想法、路途中的經歷，以及花上幾個月時間寫出來的長篇文字，透過旅程中每天的所見所聞及自身感受，以文字和圖片鼓勵所有被困在現實世界中的人，在有能力的情況下跳出原本的生活，嘗試去做一些不一樣的事情。旅行不一定要花大錢，即使沒有數十萬旅費，也可以浪遊歐洲，體驗前所未有的旅遊經歷。

蘇格蘭
Scotland

愛爾蘭
Ireland

英國
United Kingdom

荷蘭
Netherlands

比利時
Belgium

盧森堡
Luxembourg

法國
France

西班牙
Spain

86 天歐遊路線圖

- **蘇格蘭（7 天）**
  愛丁堡（3 天）＞格拉斯哥（2 天）＞高地（1 天）＞史特靈（1 天）

- **英國（4 天）**
  曼徹斯特（4 天）

- **愛爾蘭（5 天）**
  高威（2 天）＞都柏林（3 天）

- **英國（22 天）**
  湖區（3 天）＞里茲（1 天）＞約克（1 天）＞利物浦（3 天）＞
  伯明翰（2 天）＞布里斯托（2 天）＞巴斯（1 天）＞牛津（1 天）＞
  劍橋（2 天）＞倫敦（6 天）

- **荷蘭（8 天）**
  阿姆斯特丹（5 天）＞鹿特丹（3 天）

- **比利時（6 天）**
  布魯塞爾（2 天）＞布魯日（0.5 天）＞奧斯坦德（0.5 天）＞
  安特衛普（0.5 天）＞根特（0.5 天）＞列日（0.5 天）＞
  魯汶（0.5 天）＞那慕爾（0.5 天）＞迪南（0.5 天）

- **盧森堡（5 天）**
  盧森堡（3 天）＞埃希特納赫（1 天）＞維安田（1 天）

- **法國（13 天）**
  巴黎（5 天）＞里昂（3 天）＞碧泉村（0.5 天）＞索格島（0.5 天）＞
  尼姆（0.5 天）＞嘉德水道橋（0.5 天）＞亞維儂（1 天）＞圖盧茲（2 天）

- **西班牙（14 天）**
  巴塞隆納（3 天）＞馬德里（3 天）＞阿蘭胡埃斯（1 天）＞馬拉加（2 天）＞
  隆達（1 天）＞格拉納達（1 天）＞塞維亞（2 天）＞馬德里（1 天）

HK$23,400，對於大部分前往歐洲旅行的人來説（尤其是消費物價指數較高的西歐），這是一個不可思議的旅費數字，可能有人短短一個星期就不只花費 HK$50,000，那自然會覺得我整趟旅程都是在餓肚子、苦行，甚至聽過最難以入耳的是「你一邊旅行，一邊出賣肉體賺錢吧！」；相反，真正窮遊的旅人又覺得 HK$23,400 玩 86 天是頗節儉，但又好像可以更便宜，目前應該稱不上窮遊吧？

是的，打從計劃旅程的一刻開始，我並沒有打算以窮遊的方式來旅行，整趟旅行的目的都是「以我喜歡的方式度過 86 天畢業之旅」。旅行於我來説是體驗，像是住當地人的家、乘搭不同交通工具、貼近外地生活文化、感受不一樣的氛圍……而不是一直跑景點、瘋狂購物這一類。想當初我也預算了 HK$50,000 來進行歐遊計劃，最後旅費比想像中花的少，的確是意料之外的事。

這一個章節並不是教大家如何窮遊，因為比 HK$23,400 更便宜的旅遊方式一定更多，我只希望能夠單純地分享這段時間的旅費分佈，讓更多人知道花大錢「富遊」也好，花小錢「窮遊」也罷，總有不同的方式可以體驗世界之大。

> 「花大錢『富遊』
> 也好，花小錢『窮
> 遊』也罷，總有
> 不同的方式可以
> 體驗世界之大。」

86 日開支總結

機票	HK$4,400	俄羅斯航空 香港 > 莫斯科 (轉機)> 阿姆斯特丹 (轉機)> 愛丁堡 馬德里 > 莫斯科 (轉機)> 香港
住宿	HK$11,000	82 晚，平均每晚 HK$135
膳食	HK$3,000	86 日，平均每日 HK$35，每餐 HK$12
交通	HK$3,000	城內短程交通及 50 程跨國 / 跨城交通
門票 / 本地團	HK$1,500	數次門票 / 捐獻及 2 次本地團
雜費	HK$500	紀念品、衣服、明信片、郵票等
總花費	HK$23,400	

1.1　　淡季出發　機票便宜一半

作為一個旅費不多，但又熱愛到處旅遊的人，每天看看機票情報網站自然成了恆常習慣之一。這些網站每天也會更新，不但資料齊全，而且非常多元化，除了一些熱門旅遊國家的情報外，就連冷門的國家也會涉及。這次選擇乘搭俄羅斯航空，也是透過機票情報網站的推薦，才能以來回機票連稅約 HK$4,400 的價格完成，與其他傳統航空公司相比下，這個價格的確是頗便宜。

航班由香港出發，先到莫斯科轉機至阿姆斯特丹，停留一晚後再飛愛丁堡；回程由馬德里起航到莫斯科，再轉機回香港。雖然這條航線需要轉機，而且時間花費較多，但因為我不必趕時間，加上希望節省旅費，所以最後決定買下機票。

機票的去程日期是六月中，回程是九月初，剛好避過暑假出遊高峰季節，加上這次旅程的機票大約在出發前半年已經確認，價格相對之下比機票情報網站再優惠一點。有些大學同學選擇在七月至八月期間出發，即使同樣是大約早半年買機票，價格最少要 HK$10,000。

俄羅斯航空　性價比高

説起價格親民的歐遊航線,大部分人都會想到「中東三寶」的卡塔爾航空、阿提哈德航空、阿聯酋航空,反而俄羅斯航空比較少人提及。記得第一次乘搭俄羅斯航空是在歐遊前一年的莫斯科之旅,當時出發前還特意在網絡尋找有關俄羅斯航空的資料,卻驚覺幾乎大部分乘客都有不好的經歷:飛機經常延誤、空中服務員很兇惡、飛機餐難吃、降落時像戰鬥機⋯⋯的確讓我乘搭前有點小緊張。

而這次為甚麼還是選擇俄羅斯航空?除了是因為價格實在太便宜以外,最主要的原因還是之前在俄羅斯航空的乘搭體驗不錯,沒有其他人所反映的問題。在這幾趟飛行中,空中服務員對我都很友善,機艙環境也讓人滿意,像是從莫斯科回香港的那一程,我在 10 小時的飛行時間內完全沒辦法睡著,結果卻沒有覺得無聊,反而在座位上看了好幾部電影,吃了兩頓飛機餐,情況沒有想像中糟糕。

如果準備到歐洲旅行,又不想花太多預算在來回機票的旅人,不妨考慮一下俄羅斯航空,至少我乘搭過幾次都沒有大問題,是性價比頗高的航空公司。

1.2　每晚 HK$150 以下 別墅與廚房的住宿體驗

住宿花費差不多佔了整體旅費的一半，現在想起來還是覺得錢包很傷。原本以為住宿預算可以平均每晚 HK$100 解決，沒想到西歐某些地方的住宿費用比我想像中要高，像是倫敦、阿姆斯特丹、巴黎這幾個首都城市，每晚住宿費用平均是 HK$250 至 $300；幸好小城市的住宿便宜一點，例如愛丁堡、都柏林、鹿特丹，每晚住宿費用平均是 HK$60 至 $80。最後算出來的每晚平均住宿費用約 HK$135，雖然比想像中貴一點，也算是可以接受的範圍。

民宿是這次旅程的主要住宿選擇，大概有一半以上的時間都是住在當地人的家，這種住宿方式不僅可以更深入了解真正的地道文化，還能在旅途中認識不同的朋友，就算一個人在外旅行，晚上都不會感到寂寞，偶爾有人一起聊聊天、吃吃飯，也是旅程中的幸福吧。我曾經住過不同地方的獨立別墅、過千呎房子、小木屋，但也住過別人家的客廳、廚房，雖然聽起來住宿環境落差很大，但其實每個地方都有獨一無二的故事，能讓人一直回味。大部分屋主都會很熱情地為客人介紹附近的景點、餐廳、交通，甚至當地的文化歷史、風土人情、政治背景，若是喜歡零距離接觸異地文化，我想民宿會很適合。

如果說民宿能夠提供機會認識當地人，那旅舍便是認識世界各地旅人的好方法。在這次的規劃住宿的過程中，有時候會找不到便宜的

民宿，那就要從酒店預訂網站搜索旅舍床位，試過住女生宿舍四人一房，也試過二十多人一房的男女混宿，但大部分時候住宿體驗的好壞並不在於環境，而是在於當天入住的住客，基本上就是一切都得看運氣。曾經遇過很投緣、聊到不想睡覺的住客，隔天還結伴出遊，也碰過喜歡請大家吃手作點心的旅人，不過有時候亦會和奇怪的人同房，例如喜歡赤裸裸在房間走動、半夜三更喝酒後回來繼續開派對，有幾次真的差點就忍不住要罵人。

不論選擇民宿或旅舍，我都會盡量挑選距離市中心或主要車站步行距離 10 至 20 分鐘的範圍，這些地方的住宿會比交通便捷的地方低廉，加上我喜歡每天在住宿的地方附近穿梭，看看其他人的日常生活，所以對我來說是一舉兩得。

酒店預訂網站：Hotels.com

民宿網站：Airbnb

1.3　省錢下廚小提示
留意旅舍 Free food zone

看到 HK$3,000 膳食開支，我也以為自己算錯錢，可是後來認真將收據找出來看，順便回想一下這段日子吃的三餐，發現真的只需要大約 HK$3,000，就把整個旅程的吃、喝都搞定。

在 86 天的行程中，大約只有 10 至 15 頓是在外用餐，其他時間都是自己一手一腳在廚房完成。由於一個人在外吃飯也沒辦法點太多的關係，通常都是一份約 HK$50 至 $70 主食，另加一杯飲料，偶爾在街上閒逛時，也會買點小吃、雪糕、糖果邊走邊吃。雖然沒有去高級餐廳，也沒有特意排隊吃美食，但能吃到一般當地人所吃，日子倒是過得不錯。

由於大部分膳食都要靠自己處理，因此超級市場就成了隔幾天就要去一次的地方，尤其是前往新地點的時候，尋找超級市場便是一項重要的事情。很多人都以為西歐物價很高，就連超級市場買東西也不便宜，事實卻是只要用心多走幾圈，並不難買到廉價又美味的食材。

6p.m. 至 7p.m.　超市折扣時段
六點至七點是普遍超級市場特價時段的開始，很多肉類、蔬菜、水果等新鮮食物都會打折，這個時候過來就能買到許多特價品，折算後大

約是 HK$10 有五塊豬排或十支小雞腿或兩塊牛排或一盒內臟，HK$5 買到一大包蔬菜或一盒梨子或十根香蕉。購買的時候記得考慮自己能吃多少和在同一地點住宿多久才買，例如我在愛丁堡只住三晚，那我就大約買三塊肉類和一大包菜，再買三個水果，饞嘴的話就再買點乳酪、蛋糕、零食。當然，主食也是必要的，只是一個人不可能幾天吃完 1kg 的意大利麵或快熟米，所以買的頻率就不像新鮮食品般高。

有些住宿的地方本身附贈免費早餐，所以住在這些地方的時候就不用特意準備，要是沒有的話，我會到超級市場買一包穀物麥片，配牛奶和白麵包。吃完之後就順便多做一份三明治，可以夾火腿、雞蛋、番茄、芝士等食材，中午的時候在外找一片草地，像當地人一樣坐下來曬太陽、吃午餐。從早午晚三餐來看，每天都有肉有菜有主食有甜點，就算整個行程膳食只花了 HK$3,000，也是營養均衡，完全沒有餓肚子。

最後還有一個終極省錢方式給住青年旅舍的旅人，一些有廚房設備的旅舍，通常都有小小的 Free food zone，裡面的食物都是之前的住客留下來，除了調味料之外，還有麵條、米飯、蔬菜、飲料等，如果看到 Free food zone 的東西很多，而且適合自己的口味，不妨省下買食材的錢，也免得快將過期的食物被浪費。

1.4　省錢靠巴士
　　　乘火車必買通行證

86 天的旅程，除了來回香港是乘搭飛機，其他時間主要是以巴士、火車和船穿梭 7 個國家和 33 個城市。HK$3,000 的交通花費，大約有 2/3 是花在貴到嚇死人可是又不能不搭的火車，尤其是在買不到廉價巴士票的西班牙，每趟火車至少要 HK$300，真是每公里的車程都有血有淚。不過西班牙的火車的確又新又舒適，貴一點也算了。

如果每個地方的旅行時間不長，主要以跳點方式遊歐的旅人，也可以考慮購買歐洲鐵路自選火車通行證，於指定時間內無限次搭乘鐵路，會比單次購買便宜一點。買的時候要注意哪些國家可以用，哪些小國會合併算一個國家，通行證是幾天內連續使用或是任選日子使用，這些事項在購買時必定要看清楚。

上網訂車票　享早鳥優惠

Megabus 和 Eurolines 是歐洲兩大廉價巴士公司，它們的線路遍佈不同國家和城市，所以這趟旅途幾乎都是靠著巴士來減少交通開支。這兩間公司都可以從網絡上提早訂票，愈早訂的車票就愈便宜。舉個例子，我幸運地以 £1 買到 21:30 從倫敦出發，08:45 到達阿姆斯特丹的巴士票，全程差不多 12 個小時，折算起來才 HK$10，如果在出發前一天才買票，那價格就會跳升到 £55，是特價時的 55 倍。

不過這種廉價巴士的缺點不少，未必適合所有旅人，購買前必須要先考慮清楚。想要買到便宜的車票，首先是要百分百確定搭乘日期，廉價巴士沒有改期系統，如果是買錯日子或臨時決定改日子，就要重新再買票，而新買的票可能會比之前的票貴很多。由於某些廉價巴士路線沒有固定巴士站，所以上下車的位置有可能和一般巴士站不同，甚至不在市中心，通常都需要找一下才能看見上下車位置，要是在上車前最後一分鐘才趕到車站，有可能因為找不到站而錯過班次。

廉價巴士時間誤差大

廉價巴士的延誤情況很嚴重，我試過在巴士站呆等四個小時才有車進站，也試過原本三小時的車程，最後乘搭五個多小時才到達目的地，對於只在某地短暫停留的旅人，巴士就可能有點浪費時間。當然，你也可以選擇像我一樣，在巴士站和同車的人聊天，聚在一起玩小遊

戲,或是在車上抱著行李睡覺,看看窗外的風景,時間也不會太漫長。

對於乘坐過夜或長途巴士,很多人都會擔心安全問題。以我這幾趟車程的經驗,無論是個人安全或是財物安全,兩者好像也沒有受到威脅,至少沒有被奇怪的人騷擾,東西也沒有不見,就算半夜在車上不小心熟睡,醒來以後依舊是安全的。當然,我習慣把貴重的東西都用隨身腰帶藏好,將背包抱在胸前睡覺,這樣被偷竊的機會就減低一點。

除了火車和巴士,也有人喜歡乘搭廉價航空 Ryanair 或 Easyjet 跨國,有時候早鳥機票會比火車票更便宜,但這種廉價航空機票票價都不包含寄艙行李費用,如果有行李要寄艙就需要加錢,總額可能就不算特別便宜了。

1.5　教堂、博物館 或期間限定免費

景點門票花費不多，是因為我本身沒有特別喜歡看景點，很多時候我也寧願在草地和當地人閒聊，而懶得去排隊入場。不過，某些我有興趣的地方，還是會花點時間逛一下，像是歷史悠久的學院、宏偉的教堂等。

要說到在英國覺得最美好的事情，就是博物館免費開放予民眾參觀吧。無論是有趣的科學館、放滿名畫的美術館、珍貴的歷史館……全部都是免費入場。在英國的那段日子，應該是我這一輩子看最多博物館的時候。非常推薦喜歡逛博物館的旅人到英國，不花一分錢就可以每天逛到腳軟都逛不完。

如果打算前往需要購買門票的景點，可以於出發前上網查看門票資料，因為有些博物館會因應日子或時段而調整票價。以巴黎羅浮宮為例，正常門票售價為€15，但如果是在十月至翌年三月的每月第一個星期日入場，即可免費；另外，26 歲以下參觀者亦可在星期五下午六點後免費入場。建議於官方網站查看時，同時閱讀門票頁面的中英

版本，因為某些時候不同語言版本的門票資訊會不一樣。

除非是非常有名的教堂，像是巴塞隆納的 Sagrada Familia，否則一般教堂都是免費公開予民眾入內。不過某些教堂會在殿內售賣祈福蠟燭、明信片、宗教紀念品等，價格也不是很貴，折算 HK$24 就有 10 張明信片，所以我會以購買蠟燭、明信片的方式來當作門票，支持教堂的日常運作費用。

對於不會開車的我來說，想要去一些比較偏遠的地方，報名當地的一日團是最方便的方式。在蘇格蘭的高地和愛爾蘭的西海岸，我分別透過網路資訊和旅舍職員推介，預訂了一日團行程，從早上八點玩到六點回程，大約是 HK$300 至 $400。以一個合理的價格去一些自己沒辦法去的地方，對我來說實在很值得，但同樣的價格對於會自駕的旅人來說可能不算吸引，所以這方面就要看各自的需求來決定。

一個女生去歐洲真的可以嗎？行李到底應該帶甚麼呢？我英文說得不好怎麼辦？聽說歐洲很危險，真的會被偷東西嗎？哪一條路線最好呢？怎麼去認識新朋友呢？

自從機票確定後，要開始準備出發事宜的那段時間，腦袋中無時無刻都有許多問題跳出來，甚至連睡覺也在想著該怎麼辦。雖然已經試過單獨出國無數次，也習慣在旅途中照顧自己，但想到這次不是去幾天的東南亞短途旅行，而是要獨自前往遙遠又不熟悉的歐洲三個月，因此擔心的事情非常多。不過當旅程正式開始後，我發現許多憂慮都會慢慢消失，基本上到埗以後好像沒有遇上甚麼意外，旅途上的一切比想像中來得順利。

而當我從歐洲回來以後，我發現這些問題也是很多人想要知道的事情。準備出發的「憂慮型旅人」可以放心，以下章節應該可以解答幾個大部分人都想知道的問題。

2.1　歐洲真的很危險嗎？

在尚未出發前，就一直被家人和身邊的朋友碎碎念，幾乎所有人都覺得一個女生去歐洲旅行很危險，而且這次去的時間比較長，有的地點又不是熱門景區，到後來連自己聽著聽著也開始有點動搖，真的是像他們所説般可怕嗎？

網絡資訊豐富，出發前可以先上網搜尋有關「歐洲治安」的相關資料，大概了解一下當地的狀況，例如在出發的日子會否有大型活動、是否恐怖襲擊的高危目標、這段時間有否出現事故……然後再參考其他旅人在當地旅行時的親身經歷，順便研究常見的犯案手法，像是走入鏡頭合照後要求小費、強行為遊客戴上手繩並收錢、路邊賭博小攤、趁車門關閉時搶劫……通常在出發前有心理準備，大約預計會有可能遇上的情況，到埗後就不會太緊張。

對於歐洲旅行的安全問題，可以從交通、外出和旅舍三個方面來分享這段時間的經驗。

慎防地鐵扒手！

旅途中以廉價巴士作為主要移動工具，不論是跨國或跨城都非常方便，雖然乘搭前會擔心巴士安全問題，可是後來多乘幾次後，發現就算是過夜的通宵車亦比想像中安全，沒有發生過任何不愉快的經歷。因為大型行李不能帶上巴士的關係，背包必須存放在下層行李空間，所以帶備行李乘車時一定要將貴重物品放到隨身背包，不怕危險的話可以將隨身背包放在車廂的行李架上，但我習慣會抱著它，就算睡覺也是放在胸前，一路上乘搭幾次過夜巴士都沒有被偷東西。比起長途巴士，市內交通感覺似乎更危險，身邊有幾位去過歐洲旅行的朋友都不約而同曾經在地鐵被偷錢包，因此我會盡量步行前往不同景點，即使真的要乘搭地鐵，也會避免站在車門位置。出門前先把錢包、手機等財物放在安全的地方，不要塞在褲袋或外套，小偷一般都是「取易不取難」，只要將東西收好就能避免成為目標。

相機別掛胸前

歐洲的夏天日照時間長，幾乎到晚上九點還沒天黑，所以可以玩晚一點才回去住宿的地方，可是冬天前來歐洲的話，則不建議一個人在外待到天黑才回去。很多人以為某些國家治安不錯就可以放低警覺，但千萬別忘記，就算是治安再好的國家和城市，一樣會有壞人，尤其是人煙稀少的小路、聲色場所，應該盡量避免一個人前往。小偷的行動無分白天黑夜，就算是早上身處人來人往的鬧市之中，一樣有可能被小偷盯上，所以緊記「財不可以露眼」，沒事不要拿著手機和錢包晃

來晃去，想查地圖可以在附近找一間店躲起來看，相機也不要掛在胸前亂晃，不用的時候收起來、藏在拉鍊外套裡都是很好的方法。一個人在外，要盡量讓自己看起來很有自信，就算不知道要怎麼辦的時候，還是記得保持冷靜，不要一副「我是第一次自己來旅行」的蠢樣，老是慌慌張張地在街上左看右看，任誰都能猜到這是一個很容易下手的羊牯。

旅舍非 100% 安全

旅舍裡的人來自世界各地，每個人都有不同的背景，我們不可能確保同房的住客都是可以信任的人，因此就算回到旅舍休息，依然要無時無刻注意安全。某些旅舍會提供專用儲物櫃，讓旅人將重要財物鎖起來，但絕對不要完全依賴儲物櫃，畢竟沒有人知道當我們離開房間後會有甚麼人在裡面，所以最安全的方法還是隨時貼身帶著貴重物品，寧願麻煩一點，也不要因一時之便而造成損失。我習慣將旅費放在貼身小包中，只有洗澡時才會拿下來，至於相機、手機等物品，就會放在儲物櫃中，每次回房間後立即檢查是否還在，就算不見了也能馬上去找，不會等到隔天才發現，那要找回來就不太可能了。

其實除了恐怖襲擊、天災等不可預料的危險，旅途大部分時間的安全都是掌握在自己手中，只要在旅途中保持警覺，就算一個女生獨遊也是沒問題。

2.2　不懂當地語言怎麼辦？

這幾年一直在國外旅行，從剛開始的地點是幾乎零難度的台灣，後來飛到其他日、韓、泰、星、馬等東南亞國家，之後越級挑戰只有俄文的莫斯科，到現在一個人完成歐洲多國旅行，我想除了英語及國語是比較熟悉之外，其他國家就只會一點點基本單字，例如你好、謝謝、不好意思……看我還不是玩到捨不得回家嗎？

在英國的時候，基本上不存在任何溝通障礙，不管身處何地也相當安心，反正到處都是能看懂、聽懂的語言。不過離開英國之後，因為後期前往的國家都有各自的官方語言，因此走在路上很可能會看不到英文，特別是離開市中心一帶的觀光區，就只能看到聽到當地人常用的語言，懂不懂英文好像也變得不重要。最有趣是有一次我在阿姆斯特丹超級市場買晚餐時，因為看不懂手上的食材到底是對應哪一個價錢，所以就用包裝上的貨品名稱和釘在貨架上的價目慢慢對比，先找種類，再找品牌、重量，之後旁邊熱心的叔叔還特意走過來講一大堆我聽不懂的東西，可能他以為我在找東西吧？

不會多國語言真的不影響旅行，也不要因為這個原因而只去有中文或英文的地方，反正只要在一個地方多待幾天，一般常見的文字或符號多少還是能記住，例如：教堂、出口、市政府、廣場……等經常會接觸的單字，幾乎在不同國家都會天天見到，想不記住也難，像是之前

在比利時的時候，因為經常乘搭火車到市郊小鎮，慢慢就學會 Spoor（月台）、Vertrek（出發）等荷蘭文。要是不想靠「比手畫腳」來和別人溝通，不妨在手機下載即時翻譯應用程式，無論是和世界各地的旅客聊天，或是需要向途人問路，翻譯功能可以讓對話變得簡單快捷，畢竟不是每個人都能夠用中文或英文溝通，與其兩個人用有限的英文不知道在聊甚麼，還不如靠翻譯來幫忙。

不知道該不該感謝近年崛起的中國旅客，現在歐洲很多大城市也開始有中文標示，店家都會在門口寫上「欢迎」、「请进」、「有中文服务员」、「本店有折扣」之類的字句，明明以前只能在唐人街看見的文字，現在卻已經佔據市中心，會説中文的人也愈來愈多，或許對於當地做遊客生意的店鋪，和不會英文的旅客來説，這也是個雙贏的方案。

2.3　沒有 Wi-Fi 蛋或電話卡也可以嗎？

現代人手機不離身，即使在外旅行依然要無時無刻拿著手機上網，生怕放下手機就會和世界脫軌似的，但我在這次旅途卻無意中發現長途旅人比較少有沉迷手機的情況。以我自己來作例子，出發前沒有購買 Wi-Fi 蛋，也沒有國際通用的電話卡，整段旅程還是過得好好的，更沒有感覺和身邊的事情脫軌。不是說旅途中要完全離開網絡，而是在適當的時候放下手機，就會發現世界上有很多比手機更有趣的事物等待著被人發掘。

不論是住在民宿或旅舍，基本上都會提供免費 Wi-Fi，所以晚上回到住宿的地方就可以上網找資料，看看隔天的行程。以我的經驗來說，某些旅舍如果牆壁比較多，房間的訊號通常都不太好，有時候網速會慢到無法看圖片，甚至看到一半的時候斷線，建議可以直接拿著手機去大堂或交誼廳，訊號會比在房間強。住民宿的話，網絡是不需要擔心的問題，訊號一定會比旅舍更好，不妨趁著有穩定網絡時下載下一個目的地的離線地圖，出門時也就不怕會迷路。

除了住宿的地方之外，許多公眾地方都有免費 Wi-Fi 可以使用，例如廣場、博物館、圖書館、咖啡店、快餐店、購物中心、車站、巴士……這些 Wi-Fi 熱點比想像中多，而且網速也不會太慢，用來看看社交網站、查看路線資料是綽綽有餘。有幾次在博物館逛完的時候遇上大雨，沒辦法馬上離開，我就在博物館中使用免費 Wi-Fi 打發時間，有時候訊號的強度還可以使用視訊通話和家人聊天，看影片也應該不會斷線，反正個人感覺公眾地方的免費 Wi-Fi 甚至比旅舍的龜速斷線網路更好用。

在適當的時候放下手機，就會發現世界上有很多比手機更有趣的事物等待著被人發掘。

2.4　　路線怎麼安排才好？

要去哪一個國家、哪一個城市，每個人都總會有自己的喜好，不可能完全參考其他人的路線，想規劃一個滿足又難忘的旅程，就必須好好問一下自己：到底有哪些地方真的很想去呢？當心中有了大概的目的地後，就可以開始正式安排路線。

我的行程以英國為主，所以旅程的前半段時間都會在英國的各個大城小鎮逗留，之後再到西歐幾個國家。由於剛開始時對很多地方都沒有概念，所以我會先上網參考別人去歐洲旅行的行程，再將想去的城市都寫出來，然後找一下每個地方的資料，包括交通、景點、治安、住宿、物價等，才決定到底要不要將該地加入行程中。這個篩選的過程可能有點麻煩，畢竟不是每個想去的地方都像倫敦、巴黎般有很多資訊可以參考，但有前置工作才能確保自己有去到想去的地方，不會回家之後才後悔。

準備路線時可以利用線上地圖幫助規劃，首先將最終決定加入行程的不同目的地標誌出來（只標誌城市，不是景點），接著就能輕易連出一條初步路線，大概知道要怎麼移動才是順路。若是剛好路線中的地方比較偏遠，或是需要特意繞路才能過去，那可能就要在這個階段思考要不要保留在行程當中。在標誌的過程中，我會順便放大線上地圖，看看目的地周邊有沒有值得順路一去的小鎮，若有喜歡的小鎮也

可以標誌下來。在尚未確定正式路線的時候，不妨去書店購買旅遊書和上網參考其他人的遊記，或是向身邊有去過歐洲的朋友了解，再慢慢調整行程。

當路線已經確定後，就要開始規劃每個地方停留的日數，應該是要逗留幾天慢慢玩，還是用一日遊的方式呢？規劃時可以先查看每個地方有多少個想去的景點，預計自己每天能夠走多少個地方，平均算一下就大概知道要多少天，像是我這種悠閒派旅人，每天去三至四個地點

就已經結束行程，而有的旅人卻可以一天走六至七個地點，那大家所安排的日數便可能不一樣，視乎自己的習慣而定。除了視乎當地有多少景點和地方值得停留之外，住宿費用、交通開支也是重要因素，所以決定日數時應該順便查看旅舍或民宿的價格，還有交通方面的預算，例如星期一車票是£5，而星期二車票卻要£10，那當然是早一天離開比較省錢。

把路線和日數都安排完善後，交通和住宿也可以開始進行預訂，愈早確定日子便可以愈優惠的價格買到廉價巴士車票、火車票，住宿費用也會比臨時預訂更便宜。至於當地景點的部分，個人習慣到埗後才慢慢找資料，若是想提早安排景點路線的話，可以使用剛才教過的線上地圖規劃方式，將想去的景點都標誌在地圖上，再研究每個景點的門票、參觀時間、開放時間等資料，然後把附近的景點劃分在同一天，就可以簡單完成路線圖。建議安排景點時預留額外時間，就算到埗後有臨時加入的地點或活動，也不會影響本來的計劃，讓旅程比較輕鬆自在。

CHAPTER 03

在蘇格蘭高地流浪

DAY 1　踏上平遊歐洲之旅

從買了機票開始算起，等了半年的畢業旅行終於要開始。踏入香港國際機場，熟練地辦理登機、寄存行李，然後悠閒地前往登機閘口，是時候要開展 86 天的旅程。

以前也經常一個人出門旅行，去過大城市，也去過小鄉村，理論上算是有經驗的背包客，但這次要出發到歐洲的感覺和平時不太一樣，除了有點緊張之外，竟然莫名其妙地有點害怕。說真的，行程、路線、住宿……這些全部都規劃得差不多，但可能是因為第一次自己坐十多個小時的飛機，前往離家很遠又完全不熟悉的國度，心理上好像有點習慣不來。

坐在登機閘口外的沙發，眼淚突然就流下來。

「到底這趟旅行會發生甚麼事？我真的能應付接下來的情況嗎？」其實直到現在，我依然不知道那時候的我為甚麼要哭，明明能出國長途旅行是一件開心的事，我是在害怕甚麼呢？是的，人總是對未知的事

044

會怕，那是很正常的
事，但如果不去克服
恐懼，就一輩子都活
在小世界，永遠看不
到外面的精彩。

情有恐懼，不敢輕易地走遠，大概我骨子裡也是那種不敢跳出「舒適
圈」的人，只是活了二十幾年才發現罷了。

會怕，那是很正常的事，但如果不去克服恐懼，就一輩子都活在小世
界，永遠看不到外面的精彩。這個答案，旅行結束後就更知道是對的。

第一個目的地是蘇格蘭愛丁堡，乘搭俄羅斯航空從香港飛往當地，中
途需要先到莫斯科，再轉機往荷蘭阿姆斯特丹，最後才轉飛愛丁堡。
六月十二日早上十一點在香港上飛機，最後到達愛丁堡，一共花了
33 小時才到達目的地。幸好上飛機後睡得不錯，醒著的時候和旁邊
的比利時旅人聊天，或是看電影、享用飛機餐，時間過得頗快。

在荷蘭阿姆斯特丹史基浦機場轉機，到埗後已經是晚上十點半，整個
機場比想像中更安靜，除了偶爾有清潔人員帶著吸塵器經過，其他時
間都寧靜得像圖書館。通過轉機檢查後，我前往其中一棟大樓尋找睡
覺的地方，畢竟隔天早上十點才有飛機，總不能在椅子坐一整晚。就
在到處亂轉的時候，遇到了另一位來自澳洲的女生，我們一邊閒話家
常，一邊找長椅子過夜，沒想到居然給我們發現了有插頭和電腦的位

省錢小撇步

機場的餐廳都比較貴，建議在飛機上先吃飽，轉機的時候就不必被迫光顧又貴又不合口味的餐點。大部分機場都有食水提供，自備水瓶可以隨時免費添水。

置，真的差點就要開心到跳起來大叫。

上機前的憂鬱心情，在遇到這位澳洲女生後就一掃而空，再也不覺得害怕，反之是很期待能夠與更多旅人碰面。雖然阿姆斯特丹的轉機還不能算正式開始旅程，但我想能在第一天就認識和我一樣喜歡旅行的女生，應該是美好的開幕式吧！

DAY 2　外國的咖哩菜餃特別香

六月中來到愛丁堡，溫度比想像中還要低，大約只有攝氏四度而已，艙門打開時就感覺到陣陣寒意。

海關入境櫃檯前排著長長的隊伍，別人都說外國的節奏比較慢，是慢活、悠閒的生活態度，以前我還默默羨慕，覺得這種輕鬆的步調讓人很愉快，要是能在國外生活就好了。不過在排了整整一個小時後，我想我真的明白甚麼是「按自己的節奏過日子」。就算後面排隊的人再多，海關人員依舊慢條斯理地工作，偶爾再來點壞電腦、印章沒墨水的小意外，等候時間就愈來愈長。

網路上有傳言，英國對於入境的單身女性要求特別嚴格，只要覺得有一點點可疑之處，也會馬上被帶到獨立室問話，輕則問上好幾個小時

才放行，重則原機折返回家，所以我在排隊的時候也有少許擔心，不停思考該怎麼樣才能看起來不會奇怪。

終於到我過關時，海關人員感覺頗友善，雖然整個過程都沒有笑容，但至少態度是不錯。護照給他後，只問了「來過多少次、打算去哪裡玩、要來多少天、有沒有朋友同行」，然後依舊面無表情地祝我旅途愉快，請我前去提取行李。看來擔心是多餘了。

坐上機場巴士，看著窗外的風景快速閃過，不知不覺就到了市中心。我忘記事先查看下車位置，只看到多人下車的地方就跟著下車，想說反正人多的地方應該不會是郊區吧？雖然後來發現應該是晚兩個站下車會比較近，不過幸好市中心其實不算太大，走著走著很快就到達目的地。

市中心以 Prince Street 分為北部的新城與南部的舊城，許多歷史建築也完好保存下來，特別是十八世紀的維多利亞式建築群，因此兩者同被聯合國教科文組織列為世界遺產。我居住的旅舍正位於舊城主街道 The Royal Mile 附近，因此首天行程並不計劃遠行，只在附近繞一圈熟習地方。

走到街尾的一間雜貨店，聞到店內傳來陣陣咖哩香氣，探頭進去一看，發現老闆的咖哩菜餃剛剛出爐，馬上來一顆試試。咖哩菜餃是炸的，它的樣子有點像農曆新年常吃的「油角仔」，入口時香料味非常

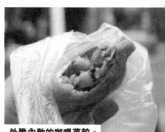

外脆內軟的咖哩菜餃。

在山頂可俯瞰新城東部不少歷史建築。

重，但一點都不覺得辣，熱呼呼的感覺正適合還沒有完全適應四度的身體。沒想到我的歐洲之旅，第一頓就獻給了這顆小小的咖哩菜餃。

和老闆聊了幾句，知道我是第一天來愛丁堡，平時也有遠足習慣，所以熱情地推薦我到 Calton Hill 和 Holyrood Park，說是他每星期也會去一次的地方，風景很漂亮。不過看著手錶，較遠的 Holyrood Park 今天應該是去不成了，那就只好先去 Calton Hill。

Calton Hill 位於新城東部，是蘇格蘭政府總部和許多歷史建築物的所在地，但這次的時間只夠走到山頂位置，沒有在山腳下走一圈。上山的路很容易找，而且人流頗多，應該是一條當地居民的日常散步路線。山頂的位置雖然不至於可以清晰地遠眺整個市中心，但周邊著名的 St. Andrew's House、Scottish Parliament Building 亦可看見。幸運的是，愛丁堡晚上八點還是天亮，我可以有充足時間在山上慢慢散步；比較可惜的是，當天天氣實在很差，大霧夾雜著微雨，實在沒辦法逛太久。

DAY 3　愛丁堡山攻頂　意志大挑戰

昨天下飛機後自以為不累，完全忘記自己從香港起飛加上轉機，已經差不多三天沒有好好地睡覺，還在沒有休息的情況下登山散步，結果回旅舍簡單梳洗後就直接蒙頭大睡，從晚上九點一直昏睡到隔天下午一點，突破個人最長睡眠時間。旅程中的第一個大發現，就是我原來能睡 16 個小時。幸好夏天的愛丁堡晚上八點依然是天亮，好像一天多了幾個小時可以用，睡晚一點也沒關係。

漫步於 The Royal Mile，這條市內最熱鬧的大街商店林立，到處都是遊客，亞洲面孔會擠在紀念品店前買東西，而歐美面孔則是在酒吧舉杯暢飲，難怪以前常常有人說外國人都是「拿啤酒當水來喝」，總算是在旅程的開始就見識到。行程並沒有特意去 St. Giles Cathedral 和 Edinburgh Castle，所以經過的時候只在門外拍照留個紀念，然後就穿梭小路之間，前往 Greyfriars Bobby。

忠心小狗的故事有很多，而剛好在愛丁堡這裡也有家喻戶曉的忠犬 Bobby。傳說這裡有一隻長毛流浪狗 Bobby，一直過著飄泊的日子，終日和其他流浪狗相爭才能得到少許不足以果腹的食物，直到有一位村裡的老人送牠一頓剩菜，牠才能得到溫飽。Bobby 和老人的感情愈來愈好，可惜老人不久後重病離世。當村民合力將老人的遺體送往基地時，Bobby 一直跟在隊伍後，即使村民在老人下葬後想趕

忠犬 Bobby 的銅像。

走 Bobby，把牠打得遍體鱗傷也堅決不離開墓地。在往後的 14 年，Bobby 每天都待在老人的墓地旁邊，風雨不改，村民後來被 Bobby 的忠心打動，在牠死後葬於老人墓旁，讓他們重聚。

類似的故事聽過許多，內容也是大同小異，因此一直以來都有人質疑故事的真偽，連我也並不是真的很相信，不過 Greyfriars Bobby 畢竟已經成為愛丁堡著名景點，不管到底是真是假，反正現場所看似乎完全不影響 Bobby 的人氣，遊客絡繹不絕，想和 Bobby 銅像拍攝還得排隊才行。不打算排隊拍照的我，決定趁著好天氣去一個原本沒有安排在行程的地方。

在愛丁堡景點中，Holyrood Park 是我最喜愛的一個。這座公園由數座小山組成，因此走在山谷的時候，可以看到連綿山丘，一片青蔥景致令人心曠神怡。即使公園只在市中心旁邊，但感覺彷彿已經坐了幾個小時的車到郊區，沒有半點繁華的都市感覺。經過 Palace of Holyroodhouse 旁的 Queen's Dr，很順利地找到公園的入口，前段是鋪平的柏油路，要再走大約 20 分鐘才能看到真正的山路。遠足是一種鍛鍊意志力的運動，在 Holyrood Park 又再次感受到這個真理。

Holyrood Park 最高點是 Arthur's Seat，四方八面的山路皆可通往山頂，因此並沒有所謂的指定路線，而我偏偏就挑中最難的路線來走。前段是優美的山谷景觀，走起來非常容易，是一條連老人都能輕鬆駕馭的路線，沿途只有小花小草，有點像在公園散步的感覺。可怕

的事情在後頭，現在想起還是覺得腳會發抖。

後段只剩 1/5 的路段是上坡路，直達約 250 米的山頂，可想而之那坡度絕對是非一般的陡峭，某些路段根本只能手腳並用爬上去。結果理論上 15 分鐘就能走完的直線距離，我差不多花了 1.5 小時才成功攻頂，而且是氣喘到不行、臉都快沒血色的狀態下到達。上山後，幾十雙眼睛看著我，有一位老伯還忍不住用口音極重的英文說了一句「Oh my god, how can you come from this side?」

難為情地笑了笑，心想：天啊！我也好想知道到底是為甚麼要從那邊上山啊！不過算了，看著眼前的翠綠的山嶺配上蔚藍的海洋，還能俯瞰壯觀的愛丁堡景觀，一切都值得了。

**DAY 3 行程：
愛丁堡**

- The Royal Mile
- St. Giles Cathedral
- Edinburgh Castle
- Greyfriars Bobby
- National Museum of Scotland
- Museum of Childhood
- Holyrood Park

登山小徑沿途風光如畫。

街頭表演者在吹奏風笛。

DAY 4　千金難買的傳統 Kilt

睜開眼睛已經是十二點多，又是一個睡到中午的日子。到底是還沒有適應時差，或是嗜睡基因在蘇格蘭特別旺盛呢？該不會接下來的日子都是一直睡十幾個小時吧？

今天出門，就聽到陣陣悠揚的音樂聲從大街傳來，有點像薩克風，也有點像長笛，仔細一找就發現一位穿著傳統服裝 Kilt 的表演者，正在路邊吹奏風笛。

蘇格蘭傳統服裝 Kilt，是由不同風格、顏色、線條的格子拼湊組成，雖然看起來全部都只是格子，但原來每一個都代表著不同的意思，有的政府人員專用，也有的是某個姓氏的家族圖紋，當中還會細分打獵和正式場合的圖案。因為我本身非常喜歡格子圖案，所以當看到一套真正的 Kilt 出現在面前時，覺得非常高雅、貴氣。的確是「貴」氣，因為只有全人手以純羊毛在蘇格蘭製成的 Kilt，才稱得上是蘇格蘭傳統服裝，三個條件缺一不可。如果在蘇格蘭找專門訂製 Kilt 的裁縫店量身訂造一套，£1,000 應該是最低金額，付不起這個金額的我只好欣賞別人身上的 Kilt 了。

傳說中蘇格蘭男士穿 Kilt 的時候都不會穿內褲，只要大風一點就會「露鳥」，這到底是不是真的呢？我特意等到表演者吹奏完畢的時候，上前和他拍照，也順便禮貌地問他，結果得到的回覆是：看裙子會不

舊城區的悠閒步調令人嚮往。

會刺到屁股，我這條就不會。呃……所以是和我說今天沒有穿內褲的意思嗎？不論如何，還是很開心對方解開了我的疑惑。

穿過 Prince Street Garden，從古雅的舊城走到了時尚的新城，這兩個截然不同的世界突然讓人有點不適應，沒想到只不過是一個公園之隔，就彷彿到達另一個城市。新城是首天到埗時下車的地方，也是市中心比較熱鬧的位置，很多大品牌進駐 Prince Street，基本上所有商店、餐廳、酒店都集中在這裡，不論是買東西或吃飯都很方便，對於喜歡便利性高的旅人，住在新城會比較適合。新城對於我的吸引力，是正在進行換季大特價的店，門外的「Sale」像魔咒似的，可惜的是我這次歐洲之行只帶上一個大背包，而且愛丁堡是整個旅程的首站，要是真的忍不住在這裡就開始買東西，可是要將戰利品背著整整三個月才能回家，最後可能還沒順利回到香港，就已經被自己的行李壓死吧？

想著想著，還是放棄購物的念頭，去超級市場買點食材回旅舍煮晚餐比較實在。

省錢小撒步
超級市場六點左右就開始特價，新鮮食材是平時的半價，趁這段時間採購就更划算。一般蔬菜放三至四天沒問題，肉類就要避免超過兩天，免得旅程途中肚子不舒服。

DAY 4 行程：愛丁堡

- The People's Story Museum
- Museum of Edinburgh
- National Gallery of Scotland
- Scott Monument
- Prince Street Garden
- Prince Street
- George Street

DAY 5　被忽視的 £100 萬

沒有賴床或昏睡的早上，居然八點多就自動起床，看著手錶還以為自己看錯時間。不過也好，反正已經是最後一個早上在愛丁堡，那就趁著還沒有到退房時間，好好煮個早餐，先醫治餓了整晚的肚子，之後順便想一下有甚麼地方還沒有逛。

想著想著，還居然真的被我想到一個地方應該要去看，卻沒有寫入行程！記得出發前在網上看到愛丁堡有一座博物館叫 Museum on the Mound，當時以為是類似「草丘」、「土墩」的介紹，心裡還默默覺得：山丘也能獨立擁有博物館？太誇張了吧？不過後來仔細查看，才知道它是蘇格蘭銀行總部內的博物館，也就是說裡面的館藏大多與銀行、金融、貨幣相關，只不過是因為它位於新城和舊城之間的新建小丘之上，才因而命名。

£100 萬就大剌剌放在館內，毫無美感。

原本想在 Glasgow Green 欣賞迷人日落，
卻忘記了蘇格蘭夏天的日照時間較長。

Museum on the Mound 的招牌館藏是一棟用很多張 £20 堆砌而成的 £100 萬，雖然展示的紙幣已經作廢，可是依然吸引不少人慕名而來。對於連 HK$100 萬都沒有概念的我，決定趁這次旅程去大開眼界，看看到底 £100 萬是有多厲害，就算沒辦法親手摸一下，至少也要用相機拍攝下來。

至於看完的結論嘛……「噢，原來是這樣。」希望愈大，失望愈大。可能是博物館擺放 £100 萬的方式過於平凡，只是簡單地堆成一個長方體，而且還放在暗暗的角落，所以當它們出現在眼前的時候，完全沒有讓我覺得興奮的感覺，只是覺得為甚麼要把貴重的東西放得像影印機旁的一堆白紙。要是可以弄成金字塔形狀，再加上幾支射燈置於入口的當眼位置，應該能夠讓它看起來壯觀一點吧！

中午，乘著巴士出發往蘇格蘭的第一大城——格拉斯哥。這裡的感覺和愛丁堡不太一樣，比較城市化，不少建築物都是帶有現代設計的翻新，和維多利亞式風格互相配合，就連路人看起來也好像時尚一點。整個城市少了一份純樸的感覺，但多了大城市的味道。

為了尋找後天「高地一日遊」的上車地點，加上本來沒有特別安排行程，所以決定下午隨心走、隨意看。從旅舍步行前往 George Square 和 City Chamblers，發現這個城市的市中心道路沒有想像般複雜，而且沿途有許多店舖、博物館可以邊走邊看。如果有時間的話，其實不必乘搭市內交通也可以輕鬆遊覽市中心。

沿著運河散步
可看到優美的景色。

DAY 5 行程：
格拉斯哥

- Museum on the Mound
- Gallery of Modern Arts
- George Square
- City Chamblers
- The Lighthouse
- Custom Quay Gardens
- Glasgow Green

在市中心逛了一個下午，也順便在旅舍樓下的超級市場補充食材，放下東西後就決定趁傍晚時分到運河旁的步道散步。這次住的旅舍剛好在 River Clyde 旁邊，以平價住宿來說的確是頗好的景觀。沿著河岸前往 Glasgow Green，沒有甚麼讓人驚喜的景點，但寧靜的氣氛和優美的環境卻與下午看到的格拉斯哥截然不同，若然一個城市會有動、靜之分，那眼前看到的大概就是格拉斯哥恬靜的一面。

DAY 6　無關花費的旅行體驗

不管事先安排得如何妥善，每次旅途總有許多不可預測的事情，無論是好是壞，大多成為旅程中難忘的回憶之一。

昨天在市中心閒逛的時候，主要使用行人專用道路 Buchanan Street 接駁不同的地方，就算不看地圖還是能夠找到路，而今天的行程一樣是從這裡出發。路上的行人頗多，感覺整條街道比昨天更熱鬧，沒想到原來是湊巧碰上了巡遊隊伍！

一輛一輛由的士改裝而成的花車在面前駛過，有的繫上色彩繽紛的氣球，有的將整個蛋糕放上車頂，也有的將車子塗上格子圖案、畫上古靈精怪的花紋，讓人眼花撩亂。雖然我不知道這個究竟是甚麼活動，但碰上巡遊也算是一種難得的緣分。其實回家之後有嘗試在網絡上搜

尋，不過始終沒有找到巡遊的名稱，可能就真的只有那一次而已，所以也沒辦法推薦了。

離開繁華的 Buchanan Street 和 Sauchiehall Street，用雙腳沿著小路左右穿梭，既能省下貴到嚇人的交通費，還能隨意走到景點之外的地道小區，探索真正的格拉斯哥。

今天的方向是往市中心的西邊出發，和昨天的方向完全不一樣，所以看到的東西對我來說都很新奇。從小路繞到另外一邊，沿途可以看到不同的建築物，先是新式的住宅大樓，之後是幾層高的老房子，遠一點的地方還有獨立別墅，感覺就是將整個城市劃分成不同的圈，每一個圈的階級、文化、條件、環境皆有相異，如果一直只在市中心逛街，沒有用雙腳走到更遠的地方，可能這一面就不是那麼容易發現。

有的時候會聽到別人問「去旅行花這麼少錢，能看到甚麼？」

其實一個人在旅途中得到多少，和花了多錢就沒有直接關係，因為很多體驗都不是用金錢來衡量價值。或者有的人覺得去歐洲買名牌、吃米芝蓮大餐，用幾天跑遍旅遊書上的景點才是有意義的旅行，可是有

不管事先安排得如何妥善，每次旅途總有許多不可預測的事情，無論是好是壞，大多成為旅程中難忘的回憶之一。

天氣不好的格拉斯哥別有一番特色景致。

的人會覺得和當地人坐在一起聊天、喝酒，在異國用自己喜歡的步調慢遊才稱得上是旅行。我是後者，所以我不介意在旅途中「浪費時間」，去自己有興趣的地方、吃自己想吃的東西、做自己喜歡的事情，一切隨心而行，別人眼中的「得不到甚麼」，於我而言卻是得到比任何金錢更重要寶貴的體驗。

DAY 6 行程：
格拉斯哥

- Buchanan Street
- Sauchiehall Street
- Kelvingrove Park
- Kelvingrove Art Gallery and Museum
- Riverside Museum

的確，整個歐遊行程沒有特別安排一大堆著名景點，甚至裡面有一部分是一般旅人不會去的地方，像是在格拉斯哥市郊的 Kelvingrove Park，明明只是一個普通的休憩公園，但也因為有這些看似不可思議的地方，我才能遇見不一樣的人，聽見不一樣的故事。我想，這些在人來人往的市中心，可能不太會發生吧？

DAY 7　大霧瀰漫的高地之行

我不會開車，所以有時候遇到難以乘搭交通工具前往的地方，都會選擇參加本地一日遊。雖然這種一日遊的行程通常都會很緊張，每個地點停留的時間也不長，但在「完全不去 vs 快閃遊覽」之間選擇，還是後者會好一點。

參加本地遊有兩種方式，一是在網上尋找合適的旅行社，查看路線後再看其他參加者的評價，並透過網上系統直接付款，只要拿著行程確

上午時大霧掩埋連綿山丘。

認信或收據在指定的集合地點、時間出現便成。另一種是到埗後才找當地的旅行社報團,建議可到遊客服務中心或旅舍櫃檯找工作人員幫忙推薦。

出發時間是早上八點,大約提早 15 分鐘到達預定地點,便看見導遊已經在七人車那邊等待。當天的天氣實在有點差,還沒出發就下著毛毛細雨,導遊在講解行程時也提醒團員要有心理準備,景觀可能會和想像中有落差,更有機會因路況而改變路線,某些預定景點就未必會去了。

出發前看過許多高地的照片,青蔥山丘綿延不斷,都是那種很壯觀的感覺,因此心裡本來默默期待能夠看到類似的景色。可惜因為天氣不好,當入山後幾乎只能看到被白霧濃罩的山嶺,天空都是一片深灰色,只在偶爾有風吹散霧氣的時候,才有機會看遠一點。幸好中午的天氣好轉,雲層看起來變薄,加上不像出發時冷風伴隨暴雨,在山上走動的時候也舒服很多。

長毛牛不怕生,一直在我跟前晃來晃去。

說真的,因為行程和路線跟原本的規劃不太一樣,我有時候也不知道

DAY 7 行程：
高地

- Loch Lomond
- Rannoch Moor
- Achnambeithach
- Ballachulish
- Caledonian Canal
- Fort Augustus
- Inverness
- Clava Cairns
- Perthshire
- Tomatin Distillery

自己到底在哪裡，反正導遊叫下車就立即下，只知道每個地方都非常漂亮。有吃的、有看的，那就已經很滿足了。

整趟旅程最開心，應該是看到可愛的高地長毛牛 Highland cattle，牠們身上有許多棕色的長毛，頭上頂著兩隻尖角，前額的毛髮很像香港以前流行的長瀏海，將眼睛完全遮蓋，非常有趣。這些長毛牛能夠抵禦高地的低溫，在我已經冷到要發抖的時候，牠們依然可以若無其事地走來走去，甚至衝向人群討食物。

DAY 8　£1 車票換來的叢林冒險

幸好無意中買到 Megabus 的 £1 車票，我來到了一個從沒聽過的地方——史特靈！

這次的路線規劃會到訪一些非熱門旅遊城市，或是一些外國人根本不太清楚的小城鎮，有時候旅遊書或網路上也只有少數資料，想在出發前搞懂整個地區的景點、交通、文化都有點困難。不過，看到只要 £1 就能去一趟，心想：因為不了解而放棄這個地方好像也說不過去吧？結果就把車票趕快買下來，再慢慢尋找相關的旅遊資訊。反正不論是任何地方，對我這個第一次來蘇格蘭的旅人而言，應該也是很有趣。

史特靈有一條叫 The Back Walk 的登山小徑，位於市中心西北方，連接 Art Museum 和 Stirling Castle，而小徑中間會穿過兩個基地和一片森林，沿途不但環境清幽，而且登上山頂的時候還能俯瞰市內景觀。這條小徑難度不高，基本上都是以平路為主，偶爾有點上坡路而已。

由於來之前我沒有做過任何功課，手上只有離線地圖和在車站拿的資料，所以一路上都是順著大路的方向走，一邊參觀不同的地方，一邊問人 The Back Walk 的方向而前行，差不多兩個小時後終於走到小徑入口。

剛開始跟著地圖走，因為只有一條小徑的關係，基本上沒有甚麼特別狀況，在山上看到市中心的景色，也穿過寧靜的基地，就算再路痴也絕對不會迷路。對了，有人會擔心基地的氣氛很可怕，不過以我這次旅行的經驗，其實外國很多地方的基地都像是一個公園，氣氛舒適，只要當作自己在公園散步就可以，大白天真的沒有任何鬼怪會衝過來嚇人。我甚至在基地旁邊吃午餐，現在還不是好好的嗎？只要在適當的地方有適當的舉止，應該是沒有問題。

上山前參觀了史特靈博物館。

省錢小撇步
廉價巴士的覆蓋範圍
不比傳統巴士或火車，
但對於沒有特定行程
的旅人，建議可以多
加利用去不同地方，
就算比較冷門的地方
也是會有新發現，能
夠看到旅遊書沒有特
別介紹的景觀。

走到後段，眼前突然出現兩條小路，一條是本身在走的 The Back Walk，另一條是沒有名字的捷徑。從地圖看來，兩條都能夠通往我想去的地方，只是 The Back Walk 需要繞 20 分鐘，而捷徑大約 3 分鐘就到。

我順理成章地選擇走捷徑。小徑入口約一米寬，兩邊的雜草和我差不多高，路況算是很好走，所以我也放心地前進。可是走到大概一半的時候，路變得愈來愈窄，慢慢就變成只能容納一人側身而行的小路，而旁邊的草很多都長著尖刺，一不小心就會被割到，所以只能慢慢走。那時候有想過是不是回頭比較好呢？可是又覺得既然都已經走到半路，再回頭不就很笨嗎？走著走著，途中試過被地上的樹枝絆到，差點就直接在草叢中摔倒，也有被樹上雀鳥的怪叫嚇到，差點把整部 iPad 也丟出去。

就目的地近在眼前之際，小徑居然不見了。在小徑和大路之間，只有一堆約一米高的灌木叢，明明看到原本要走的路，卻完全沒辦法可以過去。算了，反正也就是幾步可以跨過的灌木叢，衝出去就好了。

我成功地跨越這道灌木叢之牆，之後還可以絲毫無損地繼續參觀其他地方，真的忍不住要讚嘆自己的勇氣！不過，這種闖入危險叢林的夢幻角色還是留給其他人，再也不要再做這種嚇死自己的蠢事了。

雨中的曼徹斯特街道顯得十分冷清。

DAY 9　旅程中的第一次生病

坐著巴士，從格拉斯哥開始晃到曼徹斯特，一路上都覺得好睏、好暈，在半睡半醒的情況下就到達目的地了。

在網上購買車票後，會在電郵收到一張收據，上面有列明巴士的開車時間和預計到達目的地時間，縱使與實際時間有誤差，但如果想在車上補眠的話，也可以據此推算及設定手機的響鬧功能。

這次在曼徹斯特逗留四天，接著會前往愛爾蘭，然後再回來曼徹斯特，用兩天時間分別前往里茲和約克，所以總計將在曼徹斯特住六晚。

到達曼徹斯特大約是下午三點，到入住旅舍放下行李後，就出門逛逛附近的地方。可能是雨天的關係，無論是 Gay Village 和 China Town 都沒有很多人，顯得有點冷清。

因為生病的關係，沒能好好參觀 Manchester Art Gallery，僅能「到此一遊」。

英國的天氣陰晴不定，早上還在下大雨，下午就可能陽光普照，對於這種飄忽的天氣確實不容易適應，因此來到行程的第九天，突然就感冒大爆發。昨天在蘇格蘭已經有點流鼻水，所以先喝下感冒熱飲才去睡覺，結果隔天早上就開始一直流鼻水和打噴嚏，到下午就覺得整個人不對勁，原本想要好好逛一下 Manchester Art Gallery，結果因為生病的關係，在裡面一邊走就一邊瘋狂打噴嚏。為免影響他人，只好看到一半就急著離開，回旅舍休息。

DAY9 行程：
曼徹斯特

- Gay Village
- China Town
- Manchester Art Gallery

DAY 10 哈比人的拍照體驗

「How can a little girl travel with this big backpack?」

可能是因為長得比較矮小的關係，或是亞洲人看起來比較年輕，旅途上一直會有外國人誤以為我是剛成年的學生，覺得怎麼一個「小小的哈比人」可以獨自帶上背包到異國旅行，而身高有時候也會帶來不便和趣事。

Science and Industry Museum 是整個曼徹斯特之旅中我最喜愛的博物館。它以科學及工業為主題，展示了不少曼徹斯特發展歷史的館藏，包括平時很少見的老式紡織機、大型的渦輪引擎模型、從戰場退役的戰鬥飛機、藏在地下深處的排污系統……而其中很多展區都採用

旅行就是要張開自己的耳朵來多
聽故事，有的時候不妨主動和別
人打開話題，只有聽得更多，才
能更了解不同事物的意義，也賦
予旅行真正的價值。

Press the camera
button when you are
ready to have your
picture taken.

**無法好好攝下全貌
的「成人鏡頭」。**

互動式展覽，讓參觀者可以更真實地接觸和了解不同的展品，令整個
遊覽過程比一般博物館更好玩。

除了珍貴的館藏之外，最難忘的部分應該是入口一座以幾十個熒幕
組成的大型裝置。每位參觀者都可以在電腦輸入自己的名字，並利
用鏡頭拍照，把相片上傳至大型裝置，留下到此一遊的身影。至於我
嘛……當然也要來玩一下。但當我準備要拍照的時候，才突然發現鏡
頭比我高很多，就算勉強踮腳也是只能拍到眼睛。只怪外國人的標準
身高真的與我差太多了。最後只能走過去小朋友專用的電腦那邊才成
功留影，真是不容易。

離開博物館，沿著 Deansgate 慢慢往熱鬧的地方走，一不小心就被
手作市集吸引過去。手作市集位於 John Rylands Library 附近，出
發前好像沒有看過類似的資訊，我想可能是不定期開放的小市集。每
個小攤都有獨立的帳篷，有些放滿林林總總的舊雜貨，我猜是二手商
品或古董，也有的是走簡約風格，整個攤位就只有幾樣東西，要說是
賣東西，我反而更覺得是在打發時間。

販賣不同手作品的
期間限定市集。

三十幾個攤位都在販售不同的東西，有畫作、布偶、餅乾、時鐘、飾品⋯⋯而其中的一攤讓我覺得很特別。店主是一名兩歲小孩的爸爸，因為兒子從小患有麩質過敏症（Celiac Disease），一般小孩能吃的麵包、蛋糕也完全不能碰，所以他經常做一些沒有麩質的小蛋糕、麵包給兒子，有時候也會和鄰居分甘同味，而這次市集就是鄰居鼓勵他參加，希望可以讓更多對麩質過敏的人嘗到不一樣的蛋糕。

要是沒有和店主聊天，可能這個蛋糕在一般人眼中就只是一個普通至極的蛋糕，甚至覺得平平無奇而直接走過。但是，旅行就是要張開自己的耳朵來多聽故事，有的時候不妨主動和別人打開話題，只有聽得更多，才能更了解不同事物的意義，也賦予旅行真正的價值。

DAY10 行程：
曼徹斯特

- Science and Industry Museum
- Castlefield Area
- Deansgate
- John Rylands Library
- People's History Museum

National Football Museum 由
玻璃建築而成,外觀十分現代化。

DAY 11　因平價混宿而聚頭

昨晚回到房間大約九點,發現原本住滿人的 20 人房間突然變得很冷清,連我都算進去只剩下大概 4 人,可能是星期日都退房了吧?人少的好處就是房間通常會安靜一點,想和其他人熟絡也變得更容易。

同房的三位旅人是在英國讀書的研究生,分別來自印尼、烏克蘭和美國,大家都是千里迢迢離開熟悉的地方,到外國讀書、進修。雖然他們的成長背景、生活習慣不太一樣,但就不可思議地在學校中成為好伙伴、好朋友。有時候人生就是如此奇妙,明明大家各自成長在相距數萬公里以外的國度,但最後也能在某天某地認識對方,相信冥冥之中還是有一條線將不同的人連在一起。

這幢藝術中心進駐了不同的藝術家，
售賣獨一無二的創意商品。

我們在房間大聊特聊，從各自的家鄉聊到科技發展，再從政治局勢聊到電影娛樂，又從旅行趣事聊到煮食心得……只能説因為四個人都來自不同地方，所以有許多對於別人來說很新奇的事物可以研究。例如在我説到香港的新年會有「派利是」的習慣，紅包裡面會放入金錢，送給認識的人當作是祝福，他們就會一直問「為甚麼要用錢？很市儈。用祝賀紙條呢？」。再一個例子，來自美國的旅人說他們國家的人都可以擁有槍械，那我也會問「每個人都有槍嗎？會有人亂開槍嗎？很危險嗎？」看似不著邊際的聊天，卻讓大家在短短的一個晚上聽到許多從來沒聽過的事物，了解世界之大，我想這是旅程中最難能可貴的經歷吧？

聊了好幾個小時，接著還去交誼廳玩 Scrabble，肚子餓了就去廚房找麵包配果醬，一直到差不多清晨五點多才回房間休息。現在想一想，當時在櫃檯值夜的工作人員，應該覺得這群人晚上不去夜店喝酒、跳舞，居然在旅舍聊通宵，根本就是瘋子吧？

睡到中午，開始聽到有人入住的聲音，也準備梳洗出門。可能是因為感冒還沒好，再加上昨天太晚睡的關係，又有點頭暈的感覺，所以在附近的 Manchester Craft and Design Centre 享用輕食、咖啡來提神。這座由紅磚建築翻新而成的地方，人流偏少，因此整個環境非常舒適，是鬧市中難得一見的綠洲。

省錢小撇步
旅舍是比較便宜的住宿選擇，通常男女混宿多人房是最便宜，有的可以多達 20 人一房，有的是 4 人房，不習慣混宿的也可以選擇男生或女生房，價格只貴一點。依個人經驗，4 人女生房不一定比 20 人混宿房好，只能說一切都是視乎當天入住的是甚麼住客，看運氣。

**DAY11 行程：
曼徹斯特**

- Manchester Craft and
  Design Centre
- Manchester Cathedral
- National Football
  Museum

下午在 Manchester Cathedral 和 National Football Museum 閒逛，不過因為有點不舒服的關係，還是決定早點回旅舍休息。想當年在大學時和同學去夜店，玩一整晚隔天依舊精神爽利去上課，沒想到不過是幾年時間，就已經完全沒辦法熬夜，果真是歲月催人老，想不認老也不行了。

DAY 12　從悲痛中領悟幸福

旅行的意義取決於每個人的想法，有人喜歡跑景點打卡拍照，我卻是不一定要去熱門名勝，只要能看到自己真正想看的事物就好。

像是在出發英國之前，身邊幾位曼聯球迷知道我要去曼徹斯特，就千叮萬囑我一定要參加曼聯球場的導覽活動，說只有走進那曾經舉辦多場國際性賽事的球場，才能完完全全地感受這支球隊的魅力。當然，如果是曼聯球迷，去一趟球場導覽甚至在現場看球賽，絕對會是難忘的體驗。可是我本身對足球沒有興趣，就算讓我從球員專用通道走到足球場上、在身價幾百萬的球員更衣處走一圈、觸摸那些金光閃閃的冠軍獎杯，我也不會有那種球迷的興奮感。昨天在 National Football Museum 參觀的時候，能夠看見整個英國足球歷史的發展、轉變、成就，應該會比參觀球場來得有意思吧？

戰爭歷史博物館的珍貴館藏。

今天的行程基本上都是在走路，從市中心走到 Salford Quays 的特賣場，看了一場看不懂的藝術展覽，之後穿過 Bridgewater Canal 去 Imperial War Museum。

Imperial War Museum 堪稱全世界上最大規模的戰爭博物館，共有五個分館，曼徹斯特這個是北館，而之後在倫敦會去的那個是本館。這北館是我在不同國家看過有關戰爭主題的博物館中，最讓人心情沉重的一個，比之前去過的南京大屠殺博物館更令人哀傷。它以玻璃櫃子順時序展出戰時武器、用具、衣物等，還有很多電視在播放戰爭時期的畫面。

不過，最震撼的並非這些，而是每天定時全館播出的戰爭紀錄片。在影片開始前，館內會播出警報的聲音，模擬戰時居民準備逃往安全地方的氣氛，也提醒參觀者盡快找個空位坐下。到正式開始的時候，場內的燈光完全熄滅，而本身那空蕩蕩的白色牆壁就成為熒幕，播放戰爭過程和生還者訪談片段，配合立體環迴音效，令人恍似親歷其境。看著眼前一幕幕閃過的人和事，身邊也傳來一陣陣的抽泣聲。

曼徹斯特的晴朗藍空。

DAY12 行程：
曼徹斯特

- Salford Quays
- Imperial War Museum
- Canal Walk

　　有時候覺得戰爭是久遠的故事，彷彿只是在歷史書看到的事情，與自己無關，但只要細心想一想這幾十年來的報紙和電視上的新聞，其實戰爭並沒有離開過我們，一直都在持續發生，每天都有人因而失去寶貴生命。生於繁榮發達的地區和國家，沒有體會過這種可怕的苦難，甚至會身在福中不知福，如今轉身一看，卻像是重重地敲醒笨腦袋，再一次提醒自己要走出「舒適圈」，放眼更遠的國度，從悲痛中學會未來的路該如何走下去、如何不必重複犯錯。

愛爾蘭
Ireland

愛爾蘭街頭上可見不少藝術表演者賣藝。

DAY 13 省了 40 倍渡海船費

從曼徹斯特前往愛爾蘭的這一段過夜交通，是我在出發前就開始擔心的一段，畢竟網上沒有太多的相關資料，而我唯一知道的就是要坐車和坐船，還有需要一整晚才能到達和英國相隔一個海峽的愛爾蘭。這張車票依舊是在 Megabus 網站以 £1 買回來，價格已經包含從曼徹斯特市中心到 Holyhead 碼頭的巴士票和過境船的船票，全程大約九個小時。

晚上在曼徹斯特市中心上車，不意外地又延誤了一個小時才看到巴士入站，害我和其他乘客都非常緊張，互相確認大家是不是都在等同一輛巴士，因為我們接下來是去碼頭，要是巴士延誤而船又開走，就有機會要等下一班船才過境。在大家都焦急到不行的時候，巴士終於到站並在凌晨一點左右到達 Holyhead 碼頭，我想不僅乘客鬆一口氣，應該連司機也放下心頭大石。接下來的一個小時，大家都各自在碼頭整理一下行李，也順便上洗手間，之後聽到廣播就前往海關辦理離境手續，差不多兩點便開始陸續登船，整個流程比我預想中順利和快速。

省錢小撇步
透過 Megabus 網站以 £1 買到英國往愛爾蘭的單程票，包含曼徹斯特市中心到 Holyhead 碼頭的巴士票和過境船的船票，但如果是另外購買的話，單是過境船票就已經超過 £40。

這艘渡輪外面看起來是古舊的遊船，但裡面卻比想像中豪華得多，不只有酒吧和餐廳，還有遊戲區和休息室，每一層又再劃分不同區域，當下真的覺得：嘩，賺到了！可是別忘記，搭乘通宵交通的首要任務並非像遊客般到處參觀，而是趕快找到一個可以躺平的位置，最好是有插座在旁邊，才可以在半夜安心休息。

經過一晚疲憊的移動，通宵交通後剩下的半條命也快用完，幸好這三個月的旅程絕少有過夜交通（之後是從倫敦去阿姆斯特丹，下一章會聊到），不然的話應該會一直呈現要死不死的狀態吧？果然這種燃燒青春和生命的交通安排，只有年輕的旅人才適合。

有一位朋友曾經在愛爾蘭工作假期，那段時候看見他每天都在社交網絡上分享日常點滴，甚至以網誌記錄自己的苦與樂，就算是一張平平無奇的食物照片，也能感受到他那種樂在其中的心情。可能是被他影響，看久了也不自覺產生一種「很想去看看」的念頭，儘管對這個國家完全沒有認識，反正愛爾蘭和英國只有一海之隔，現在不去一次，將來應該也不會有特意飛過去的衝動了。

酒吧林立的 High Street。

如果形容英國為一個風度翩翩的紳士，那愛爾蘭可能是熱情奔放的將士。住在 High Street，滿街都是充滿地道特色的愛爾蘭酒吧，人們還沒天黑就站在路邊大口喝酒、高聲聊天，興之所至時也不介意在路上跳舞、唱歌，一切隨心又豪邁。雖然到達高威的時間有點晚，沒辦法去很多地方，還沒有正式和愛爾蘭人接觸，但從許多細微觀察便能

DAY13 行程：
高威

- Galway City Museum
- Hall of the Red Earl
- High Street, Shop Street, William Street
- Eyre Square
- Corrib
- Spanich Arch

感受到這個民族的獨特性，至少目前為止都是好印象。我想常常笑容滿臉的人，該不會差到哪裡去。

DAY 14　天崖海角的優惠一日團

上次在蘇格蘭參加的高地一日遊，付了讓錢包受傷的團費後，結果是在陰雨中度過；而這次來到愛爾蘭的西岸一日遊，居然又是碰上壞天氣。到底為甚麼特意花錢安排的日子總是要如此倒楣呢？

旅遊巴預計八點出發，沒想到七點出門吃早餐，就已經看到車子停在旅舍門口等，導遊看到我一臉疑惑，笑眯眯上前問我：「Are you Stella？」就在我搞不懂何以對方會知道我是誰的時候，導遊才解釋原來當天的團只有一位華人報名，加上我剛好從這間旅舍出來，所以就猜一下到底是不是我。

導遊是我第一位在愛爾蘭接觸的愛爾蘭人，他從小就在當地生活，雖然中間曾經離開幾年到英國尋找工作機會，但最後還是因為想念這地還有家人而回來，希望將他心中最漂亮的愛爾蘭介紹給世界各地的遊客。

聽著他分享自己的故事，會感受到一種讓人想一直聊下去的親切感，而從我和導遊的交流，基本上也能確定之前我對愛爾蘭人的印象，既

彷彿到了天涯海角的震撼感受。

熱情奔放，也友善待人，是一個很特別的民族。當然，每個地方都有不同個性的人，也不可能沒有壞人，但至少我在這幾天遇上的人都很熱心，讓我在這個陌生的國度留下許多美好的回憶。

旅遊車途經都是一片片綠地和山嶺，偶爾還可以從濱海公路看到被薄霧遮蓋的北大西洋。西岸行程以地質觀賞為主線，包括著名的 Poulnabrone Dolmen 和 Cliffs of Moher，再搭配兩個古蹟景點 Dunguaire Castle 和 Corcomroe Abbey，每個地點的活動時間都很充裕，可讓人休閒地參觀和拍照。

我最喜歡的行程是 Cliffs of Moher，也就是《哈利波特：混血王子的背叛》電影的其中一個取景場地。下車後迎著海風走到連綿不斷的草原，穿梭於那條寬闊的混凝土路，這時候看著四方八面的小草丘，會有一個個不同大小的圓拱門藏身其中，好像以前常看的《天線得得

省錢小撇步

透過旅舍櫃檯人員幫忙預定一日旅遊團，有時候可以得到特別的優惠價格，記得在入住時向對方詢問，或是自己在登記入住時留意櫃檯旁邊的宣傳海報。

聳立在遠處的石碉堡。

DAY14 行程：
高威

- Dunguaire Castle
- Corcomroe Abbey
- Poulnabrone Dolmen
- Cliffs of Moher

B》主角的家，看起來非常可愛，彷彿真的隨時有「得得 B」跑出來跟人打招呼。之後再沿石板路走到近海的地方，路面慢慢變成天然的泥路，又窄又難行，加上崖邊沒有任何安全圍欄，必須非常小心。

這時候眼前不再是綠意盎然的草原，而是一面呈直角的懸崖陡壁，要是勇敢站到崖邊探頭一看，還能觀賞到海浪拍岸、浪花四濺的畫面。雖然遊客和海浪距離超過百米，而且現場很多人在說話，但驚濤駭浪的聲音依然傳入每個人的耳中，組成最震撼的交響樂。這個懸崖每年吸引過百萬位遊客前來參觀，慶幸我也有機會成為這百萬分之一。

DAY 15　跟愛爾蘭人學飲 Guinness

如果説蘇格蘭是一個充滿格子圖案的國家，那愛爾蘭便是一個充滿綠色的地方。綠色不是指樹木和草地，而是顏色的那種綠色。

每年於 3 月 17 日是愛爾蘭的重要節日 Saint Patrick's Day，紀念一位名為 Patrick 的傳道者。他將基督教帶到愛爾蘭，走遍各地宣揚自己的信仰，並建立教堂和學校令人民生活得到改善，更以隨處可見的三葉草來向部落居民解釋聖父、聖子、聖靈。另外，愛爾蘭傳説只要穿上綠色的衣物，便能得到小妖精 Leprechaun 的眷顧，找到裝滿黃金的罐子致富。這兩個在愛爾蘭家喻戶曉的故事，便是現時在街上總是看到許多綠色紀念品和三葉草的原因。雖然這次旅程和 Saint Patrick's Day 湊不上，但看到觀光區的一片「綠海」，也可以想像到節慶時會有多精彩。

在酒吧與屋主還有她的朋友歡酌。

與香港不同，下午時分當地人已經泡在酒吧豪飲。

因為之前和民宿的屋主約好下午要一起去酒吧，體驗最地道的愛爾蘭人生活，所以差不多時間就結束在 Henry Street 周邊的遊客區域亂逛的行程，前往 Temple Bar 等她和朋友下班過來。

對於愛爾蘭人而言，去酒吧是普通不過的社交活動，就像平時大家會和朋友約吃飯、看電影般正常，不管是經過一整天的辛苦工作，或是放假休息的日子，少不免要到酒吧放鬆一下。要是只有一個人的話，我也不太敢自己到酒吧，特別是在國外的陌生地方，畢竟沒法預料會發生甚麼危險的事情。不過難得可以參加屋主的姐妹淘聚會，而她們又不介意多一個人在旁邊，自然是不可錯過的機會。

走進昏暗的酒吧，跟隨她們熟練地走上迴轉木梯來到二樓，選擇坐在窗戶旁的小沙發，耳邊傳來是充滿愛爾蘭鄉村風味的音樂，還有一陣陣的歡聲笑語，整個氛圍和香港的酒吧完全不同。屋主點了幾杯啤酒來分享，對於我來說最熟悉的一款當然是 Guinness 黑啤酒，其他的啤酒就大同小異，通常是麥的品種不一樣，或是口感差別之類。比較特別的一款是用生蠔做的啤酒，入口竟然完全沒有蠔的腥味，要不是有人說是「Oyster」的話，我也喝不出來。

在運河旁散步可欣賞到截然不同的面貌。

屋主說，喝 Guinness 黑啤酒有個小秘訣，由於啤酒倒在杯子的過程會形成一層厚厚的泡沫，記得一定要等幾分鐘讓泡沫消掉一點才可以開始喝，要是急著拿起啤酒送入口，就會被酒保認為是不懂欣賞 Guinness 黑啤酒的外行人。也有些酒保的做法是將杯子倒至 3/4 就停下來，過幾分鐘等泡沫消掉再回來倒滿整杯，因此看到酒保沒有倒滿便離開，千萬不要把他們拉回來，或是直接就喝掉未滿的酒，同樣是失禮的行為。

這個非常輕鬆的下午，一邊和朋友喝酒，一邊吃著美味的愛爾蘭燉肉和炸薯條，腦袋中只有吃喝玩樂、享受當下，不經不覺就在酒吧待上幾個小時，我想我也應該開始懂得愛爾蘭人為甚麼喜歡來酒吧和朋友見面了。

DAY15 行程：
都柏林

- Henry Street
- Liffey Boardwalk
- Half Penny bridge
- Temple Bar

DAY 16 在免費入場的博物館找大角鹿

蘇格蘭、英國、愛爾蘭大部分的博物館都是免費開放，因此我的行程裡面也有不少博物館，這個安排當然不是單純地為了要省門票錢，而是本來就有興趣才會去看。算算到目前為止旅行才開展半個月的時間，已經看過大大小小幾十間的博物館，接下來的旅程可能會更誇張，把幾年參觀的量一併看完。

大角鹿巨大的骨骼輕易成為大家的焦點。

不過要說到這些博物館讓我印象最深刻的部分，既不是當地歷史文物，也不是人文文化的發展，而是幾乎「無館不在」的 Irish Giant Deer ——大角鹿。

大角鹿早在七千多年前就絕種，雖然名字裡有「Irish」一字，但其實牠們的活動範圍曾經遍佈歐亞大陸，而愛爾蘭只是剛好比較多而已。既被稱為大角鹿，牠的體形自然有一定分量，光是從腳到肩膀，就已經高達 2 米，而角的部分闊 3.5 米以上，重達 90 磅，聽起來相當嚇人。要是遠古人類不小心被牠盯上，只要輕輕用巨角推一下就可以立即升天了。

自從在愛丁堡開始旅程，每次到不同的地方參觀博物館時，總會在館內當眼位置看見牠的身影，也能在「自然歷史」展廳找到一至兩隻大角鹿的化石，但想一次過看到大量保存完整的大角鹿，還是推薦大家來 National Museum of Ireland，畢竟這裡是牠們的故鄉，肯定可以看個夠。

和昨天下午的酒吧體驗相比，今天的行程顯得比較靜態，從早上參觀

圖書館、博物館,吃個午餐後再去逛美術館和公園,突然覺得自己身上都不經意流露出文藝氣息。

都柏林市中心很小,如果以 Henry Street 一帶為圓心的話,大約 5 至 10 分鐘步程就會離開市中心,但即使同樣是在市中心的地點,相隔幾條街已經可散發截然不同的氣氛。對於愛爾蘭人的第一印象是熱情奔放,但看到他們在博物館安靜地欣賞展品,那種感受就像看到醉酒的人突然在認真看書一樣。

愛爾蘭人也有靜態的一面。

回住宿的地方後,屋主問:要是從愛爾蘭的動和靜之間選一個,你會喜歡哪個?

這問題其實很難回答,不可以比較吧?要是真的選一個,我應該會喜歡昨天的酒吧體驗,能夠和真正的愛爾蘭人聚在一起享受下午時光,體驗最地道的文化,我想這些是無論看多少博物館都沒辦法了解的事情。當然,博物館的珍品,也是不能從酒吧看到。我想……貪心的我還是希望將愛爾蘭的動和靜都感受到,要是能多留幾天一定會深深愛上這個精彩的國度。

**DAY16 行程:
都柏林**

- Trinity College
- National Library of Ireland
- National Museum of Ireland, Archaelogy
- National Museum of Ireland, Natural History
- Royal Hibernian Academy
- St Stephen's Green

DAY 17　沒有白走一趟的烏龍事件

在香港，不多不少總會有些生活壓力；幸好，只要人在國外旅行，就能全然放鬆下來，不再想著每天要完成的事項，而是從登機那一刹那便自動轉換成 Holiday mood，對時間、日期等的感知頓失，反正每天都擁有假日般的心情，誰還要理何年何日何星期，只要有好玩好吃的就已經很滿足！

今天預計的行程只有愛爾蘭國家博物館，因為昨晚屋主提起這個博物館很大，而且館藏比其他愛爾蘭博物館更豐富，逛一整天也未必能逛完，因此就沒有特意安排其他地方，只在這裡慢慢參觀。

Phoenix Park 的景致迷人，
很適合來一場午後散步 ●

愛爾蘭國家博物館距離市中心稍遠一點，可以乘坐輕軌電車前往，也可以步行。不過到達入口時我完全看不到其他參觀者，雖然外面的大鐵門是打開，但沒有人在裡面，我也不敢貿然走進去，直到看到門外的開放時間，才發現原來星期一不開放參觀。當時我在想「昨天大街很多人在遊行，應該是星期日，那今天就是星期一」，之後絲毫沒有感到不對勁，也沒有特意查看日期，便改為到旁邊的 Phoenix Park 散步。

直至晚上回去住宿的地方，屋主問我今天去愛爾蘭國家博物館覺得怎麼樣，我就將「博物館碰壁事件」講一次，結果她的頭上突然冒出大堆問號，反問「今天是星期日，為甚麼會關門？」這時候我才拿出手機來確認，發現原來真的是星期日，而非我一直認為的星期一，難怪 Phoenix Park 這麼多人在散步，當時還覺得「愛爾蘭人都不用上班，星期一下午居然也有一大群人在休息，這個地方的人也太會享受生活了」。

就這樣，我錯過了愛爾蘭國家博物館，也再一次證實自己果然是烏龍的旅人。

不過話說回來，雖然 Phoenix Park 只是一個臨時加插的地方，但倒是意料之外地值得一去。它是一個佔地 707 公頃的城市公園，同時也是歐洲最大公園之一，以 Chesterfield Ave 貫穿整個園區。如果是打算以走路方式逛公園，建議從 Chesterfield Ave 右側開始，經

省錢小撇步
歐洲的公園不像香港的公園般無趣，通常佔地寬廣而有完善規劃，除了草地和池塘等必備景觀，有時候還會找到小食亭、遊客中心，重點是它們都免費入場，不論是來草地吃午餐，或是來午後散步，絕對是省錢又有趣的行程。

園裡的露天 Café 感覺寫意。

過一大片草地、花園、池塘……沿途還會有遊客中心、動物園、總統官邸等景點，回程的時候就從左側繞過來，可以一邊在林蔭大樹下散步，一邊欣賞黃昏日落，走累了就在 Wellington Monument 休息，大約一天時間就能走一圈，對於喜歡大自然的人，的確是一個能夠放鬆身心的好地方。

Phoenix Park 會有許多野生動物，像是池塘旁邊的天鵝、穿梭樹枝之間的松鼠、停在草地上的小鳥，幸運的話還能看到整群的野生鹿鹿在草叢中散步，帶備長鏡頭就能拍到牠們的動態了。

DAY17 行程：
都柏林

- Phoenix Park
- Wellington Testimonial

英國
United Kingdom

DAY 18　以雙足遊遍美麗湖區

短短五天的愛爾蘭之旅結束，再次回到英國繼續之後的旅程。

一大早到達曼徹斯特的 Piccadilly 車站，拿著火車票、背著大背包在人來人往的站內尋找月台。可能是上班時間的關係，車站人流比之前看到的更多，大部分乘客都是匆忙地走向站外，是居住在郊區，但在市中心工作的通勤者吧？也有一些看起來像露宿者的人在旁邊的座椅上睡覺，形成強烈對比的畫面。

經過差不多兩小時的車程，終於從 Piccadilly 車站到達 Windermere 車站，也就是這次在湖區短住的大本營。整個湖區都被劃入國家公園範圍，雖然只有四萬多人居住，但每年來遊覽的旅人數量就高達

有山有水的湖區是英國人心目中最美麗的後花園。

湖區內的環保觀光車。

一百四十多萬，可見 Windermere 的吸引力有多厲害。順帶一提，
湖區管理中心鼓勵旅人多使用公共交通工具遊覽湖區，以健行及遠足
方式感受大自然的景觀，以減低對環境影響，所以「自駕遊」就可免
則免了。

因為到埗後已經是下午，時間不足夠去遠一點的小鎮，因此回到民宿
把行李放下後，就在屋主推薦下前往比較近的 Orrest Head。這是一
條入門級的遠足路線，也是屋主每天早上都會走一圈的晨間步道，從
Windermere 車站旁邊的遊客中心出發，來回大約兩小時，正好當作
是湖區遠足的熱身，為之後的兩天長途遠足作準備。

從山下沿著小路往山頂一直走，兩旁都是參天大樹，途中會經過伐木
工場和小房子，只要跟著地圖或其他登山者前行，基本上是不會迷
路。登上 Orrest Head 山頂後，眼前是一大片連綿不斷的青蔥山林，
偶爾會看到幾隻大鳥飛過，還能遠眺英國最大的湖泊 Windermere。

就在頭髮被風吹到一團糟的時候，我也剛好有點無聊，就大著膽子和
坐在草地旁邊的人聊天，沒想到對方居然也是一個人從香港來英國旅
行的畢業生。難得碰上「同鄉」，大家就坐在山頂東聊西聊，說說這
幾天的行程，也談談旅程中遇到的趣事，之後還一起看著太陽漸漸從
厚雲中跑出來，陽光灑落在山嶺之間，讓眼前的風景變得更迷人。

或許很多人都會與朋友結伴同行，說說笑笑，因此對於「他鄉遇故知」
的故事沒有太多的感受，不過對於兩位獨遊的旅人來說，能在異地遇

上來自同一個地方的伙伴，還可以有時間一起閒逛，絕對是一件難能可貴的美事。

在英國的時候，除了和家人講電話會用上廣東話外，其他時間幾乎都只說英文，或是偶爾有來自中國或台灣的朋友就用普通話，因此只要聽見有人講廣東話，都會感到額外親切。在離別前，我們還特意和對方說「謝謝你讓我講了一整天廣東話」，互視一笑，不用多說也懂得對方的意思，這應該就是「同鄉」的威力吧？

廣東話對我來說是一種很特別的語言，或許自己對於語言沒有特別研究，所以也說不出這種語言到底有多珍貴，就像是陪伴成長的概念吧。每當外國的朋友問我是不是「Speak Chinese?」，我會說「Yes, Cantonese. But it's different from Mandarin」。對方不一定清楚兩者之間的差異，只覺得中文字的樣子都差不多，可是這對我來說是一個很好的機會，讓來自世界各地的朋友能夠了解廣東話文化，至少知道大部分香港人仍然是以廣東話為母語。

DAY18 行程：
湖區

- Orrest Head
- Bowness

DAY 19　挑戰極限的「暴走路線」

英國湖區最吸引人的地方是其湖光山色，不論看著微風吹過湖面泛起陣陣漣漪，或是聽著湖邊的鴨子怪吼怪叫，甚至走到無人山嶺飽覽壯

一路上湖光山色美不勝收。

麗山谷，都是來到湖區遊玩的指定活動。如果對於爬山沒有興趣，只想在湖邊散步也沒關係，反正只要身處湖區，就有一種讓人放鬆的氛圍，到哪裡也是一樣。至於我最喜歡的行程是用雙腳去探索不同的山徑小路，有時間經過湖邊可以停下來走走，才不會浪費昂貴的車票和住宿。

湖區由許多大小不一的湖泊組成，它們的名稱都是沿用中世紀維京人的說法，比較大的稱為「mere」，中型的是「water」，小的只能叫做「tarn」，雖然維京人現在已經不在湖區生活，但當時對於湖泊的分類及稱謂就被保存下來，直到今時今日也沒有改變。最多遊客聽過的應該就是 Windermere 和 Grasmere，前者基本上是每一位來到湖區的旅客也會前往的地方，後者則是相對寧靜一點，雖然兩者的氣氛不太一樣，但湖泊景色卻是同樣迷人。

六月底的湖區天氣很好，有蔚藍的天空也有清涼的山風，所以我打算來一趟「走到累才停下來」的健行，從 Windermere 步行前往 Grasmere，順便在中間的城鎮逛逛，一方面能省車錢，另一方面可以更近距離欣賞湖岸風光，或是途中看到步道也能直接上山，算是一

豐盛的傳統英式早餐是
整天健行的能量來源。

舉三得。路程大約三小時，連同休息和拍照的時間預計五個小時就能到達目的地。這次住宿的地方是在 Windermere 車站附近的民宿，屋主還幫忙將我早餐吃不完的麵包和火腿做成三文治給我帶走，讓我在山上可以補充能量。

大約十一點出門，跟著手上的簡易地圖開始「暴走」，在幾個小時裡完全是一場隨興至極的旅程：闖入無人山嶺裡的牧場看綿羊吃草，甚至被羊擋到路而不敢前進；走到山谷之間的小溪乘涼，和其他登山者的小狗一起玩水；在大太陽的曝曬下爬到山頂，喘著氣俯瞰湖泊及山嶺的壯麗景觀；莫名其妙走到別人的花園，主人還送我一罐冰涼飲料。幸好夏天的太陽沒這麼早下班，讓我能夠放縱地不顧時間慢慢走，看到任何覺得有趣的東西都去仔細研究，直到晚上八點左右才施施然準備打道回府。

> 原來很多時候『極限』都只是自己因為害怕做不到而設下的限制。

被綿羊擋路？！

九個多小時的健行換來甚麼？當然是連晚餐都不想吃，直接倒在床上大昏迷，讓雙腳好好休息。

不過幸好有機會來一場瘋狂的健行，讓我發現原來很多時候「極限」都只是自己因為害怕做不到而設下的限制，像我在 Ambleside 登山的時候，看著遙遠的山頂總是覺得自己快要累死，不可能成功上去，腦海中一直出現放棄的念頭，不過最後還是一步一步地又撐過來，努力地在艱苦的環境之下說服自己「可以的」，才了解到自以為不行的事情，其實也不是真的不行，還是要咬緊牙關試過才知道。

DAY19 行程：
湖區

- Ambleside
- Grasmere

DAY 20　比觀光船更值得乘的渡輪

每個人對「窮遊」的定義都不同，有人認為吃喝玩樂的部分要省，也有人覺得只省住宿開支就可以。於我而言，「窮遊」不是放棄所有需要花錢的活動，而是將旅費用得其所。就像在湖區這幾天，住宿費用每晚差不多 HK$350，那就只好在交通、膳食方面減省開支，享受和別人差不多的湖區之旅。這絕對不是一個比較誰用錢最少的比賽，而是如何以理想的旅費找到自己喜歡和舒服的旅遊方式。

Windermere 和 Bowness 很近，兩者就像「雙子城市」，前者是湖區唯一的火車站，也是遊客必經之地，而後者則是乘搭觀光船的碼頭，同樣集中不少遊客。

不同步道沿途也會有景點及
特色建築等待探勘。

ALL VEHICLES AND OR PASSENGERS
BOARDING OR LEAVING THE BOAT
WHILST IN MOTION DO SO AT
THEIR OWN RISK

渡輪是當地居民的日常渡湖交通工具。

這天依舊以豐富的英式早餐打開序幕,再從 Windermere 散步到 Bowness,不是為了乘搭觀光船遊覽湖泊,而是要到 Windermere Ferry 乘坐渡輪到對岸。渡輪是當地居民比較常用的渡湖交通工具,價格相當實惠,普通乘客不帶行李或車輛只需 £0.5,就可以直接過對岸。

從下船的地方往右走便是步道入口,初段是寬闊的水泥土和矮小的叢林,也看到不遠處有人在海邊露營和野餐,之後再往裡面走就變成山路,兩旁是高聳的大樹,偶爾牛群浩浩蕩蕩地走過,也會有小動物在樹上穿梭。這條路線比起昨天算是非常輕鬆,沒有太大的上下坡路,而且路邊有大樹遮蔭,連小朋友都能輕易駕馭,應該是入門級步道。

整個湖區的步道多不勝數,而且遍佈不同小鎮,當中有需要經驗人士

才能行走的路線，也有給初學者的平坦路段。建議到達 Windermere 後，先前往遊客中心購買登山路線地圖，要是真的看不懂就直接向職員查詢，他們會作出專業建議，這樣就可以順利地登山遠足了。

DAY20 行程：
湖區

- Windermere Ferry
- Craig Walk

DAY 21　決戰本地菜市場

人人都說英國的物價很高，但和香港比較，又覺得好像不是很貴，有的甚至更便宜。如果在旅程中預訂有廚房的民宿親自下廚，膳食開支就能大大減低，像我在 86 天的旅程當中，有關飲食的開支才 HK$3,000 左右，包括一日三餐、零食、路邊小吃、飲料等。

由於之前在台灣當實習記者的時候試過獨居，因此對於日常採買和省錢也有點心得，反正瞄準特價時段——選黃昏時間前來，或是看那些放在門口大特賣的當季食材就必定沒錯。

今天前往的里茲是朋友推薦的小城鎮，位於英國的正中央，從曼徹斯特乘車過去約一小時車程，這裡齊集各大名牌店及連鎖服飾店、大型購物中心，算是英國中部其中一個購物天堂，很多中部人也會趁周末來到這裡輕旅行，但是我這次特意來卻不僅是為了購物，重點還有朋友極力推薦廉價地道市場 Leeds City Market 和旁邊的 Outdoor Market，更說保證我可以用低價買到比超級市場更划算的東西。逛

省錢小撇步

二手商品攤位在不同
的地方都可以找到，
如果購買的數量比較
多，有的老闆會主動
降價，或是自己也可
以試著和老闆討價還
價，通常都會成功。

完兩個市場的結論是：幸好我有專程坐車來啊！

Leeds City Market 和 Outdoor Market 都位於巴士總站旁，一個室
內一個戶外，當地人都會前來採購日常用品和食材，也會有不少旅客
來遊玩後順便買點東西回家。

室內市場有肉攤、花店、理髮店、雜貨店等，重要的是價格比其他地
方更實惠，所以每天上午至中午都會擠滿來採購的人，大家都滿載而
歸。順帶一提，Leeds City Market 是一棟充滿特色的建築物，保留
許多舊式裝潢，尤其是店舖之間的紅色飛龍、天花的鏤空金屬支撐、
以米黃和墨綠搭配的顏色⋯⋯都是非常適合拍照的地方。

戶外市場集中販賣蔬果、二手商品、熱食，看起來有點像香港年宵市
場，不同類型的攤位分佈在各自的區域，逛的時候完全不會覺得很混

逛市場是體驗當地
生活最好的方法之一。

亂和骯髒。特別推薦二手商品攤位，主要是售賣衣服、日用品，只要有時間在攤位裡慢慢尋寶，一定可以找到又新又便宜的東西，像是旁邊的太太買了一張大棉被也才£5。市場也有不同的美食車停泊，不妨現場點一份漢堡或炸魚薯條，吃完再買菜回旅舍煮晚餐，必定比在曼徹斯特買來得更新鮮和划算。

沒想到里茲一日遊，在購物中心逛了幾圈沒甚麼收穫，倒是在市場買到一大堆便宜到不行的蔬果，把一般女生的戰場改到家庭主婦的菜市場，看來每次出門旅行都是進化成人生另一個階段的轉捩點啊！

DAY21 行程：
里茲

- Royal Armouries Museum
- Leeds City market
- Country Arcade
- Bridgegate
- Leeds Art Gallery
- Town Hall
- Civic Hall
- Millennium Square
- City Museum

DAY 22　老朋友與歪房子

約克並非英國最熱門的旅遊城市之一，至少當我問起身邊朋友知不知道英國中部有一個地方叫約克，大家都說「去倫敦就聽過，你去約克是哪裡？」雖說這裡是一座千年歷史的古城，保留中古世紀英國的味道，可是和相比起周邊的大城市，它的第一印象難免給比下去，不過約克就像是一塊未曾經過拋光處理的璞玉，看起來粗糙、普通，實際上卻隱藏著迷人、豐富的內涵。這個城市沒有花俏的東西來吸引遊客，到埗後就只有純樸的英式風情，令人穿越到中世紀的魔力，或者如此「普通」的城鎮不能令每個人也愛上它，但只要親自來走一趟，便不能否認它的確擁有其他地方欠缺的獨特魅力。

連電影《哈利波特》中的斜角巷
也是以這裡為原型。

這次會把約克放在行程中，主要原因是來找一位朋友。我們是中學同
學，曾經一起面對高考的可怕時光，不過結束後就各奔東西，我繼續
在香港升讀大學，她就選擇到國外升學。還記得五年前知道她要去英
國讀書，我和她説「我一定會飛過去找你」，可能她當時以為我只是
説説笑，壓根沒有放在心上，不過我倒是一直記在心中，即使這次歐
洲之旅任何行程也沒確認，只是剛把機票訂好的時候，我就已經開心
到立即跟她説我要去英國找她了。

這個小城鎮並不大，用走路的方式已經可以逛遍市中心。從車站外的
城牆、城門走到護城河，除了房子便是公園，暫時還發掘不到它的特
點，不過走進人來人往的肉鋪街 The Shambles，再由蜿蜒狹窄的石
板街道穿梭到不同小巷，抬頭一看便可見滿是濃濃約克特色的「歪房
子」，就連《哈利波特》電影場景「斜角巷」也是以這裡為原型，打

造中世紀英式小鎮的感覺。別以為這左右不對稱的房屋是危樓,其實它們都和平常的房屋一樣穩固,甚至有酒店可給遊客體驗入住「歪房子」。

在中世紀時,The Shambles 是專門售賣肉類的街道,屠夫們為了掛在肉鈎上的豬肉不會因日照而變壞,便以倒梯形方式來逐層建造房子,令陽光不能長時間直接照射,雖然現在肉店已經全部搬走,取而代之是一間間的紀念品店、酒館、餐廳⋯⋯但「歪房子」卻被保存下來,成為景點之一。在發展和保育之間,有的政府會利用本身的特色來吸引更多遊客,也有的會因為新景點而犧牲舊物,當中沒有絕對的是與非,不過從活化 The Shambles 的個案來看,是不是也能看懂一點道理呢?保留不一定是壞事,而重點是在於如何在發展和保育之間取得平衡。

當地最有特色的景點要數約克大教堂。

短短的一天聚會時光沒有特意安排行程,也沒有說一定要去哪裡,只讓朋友帶我隨意地到處走走,了解她這幾年在大學的所見所聞,一起看電影、吃炸魚薯條、喝小貴婦下午茶,離開約克前還到她的學校走一小段,看看外國的大學是怎麼樣。有時候旅行重點並非全部在於地點、景點,而是在於身邊的人和事。

DAY22 行程:
約克

- Nation Railway Museum
- The Shambles
- York Minster
- Bettys High Tea

DAY 23　傳統 vs 後現代座堂參觀記

還記得很久以前看過一則外國快餐店的廣告，片段中的快餐店被一條車路包圍，顧客只要開車從店的右方繞到左方，就可以一次完成點餐及取餐的步驟，不用下車就可以拿到食物，對於一個住在人口密度極高的城市、又沒有出國經驗的香港小孩來說感覺很新奇，到長大後仍然很想去外國看看到底是怎麼一回事。

因為想要節省住宿開支的關係，這次在利物浦選擇了一間離市中心遠一點的民宿，大概要花差不多半個小時路程才到主要景點，原本到埗前還有一點後悔為了省少許旅費而住到這麼遠，不過後來發現住宅區旁邊有我最愛的大型超級市場，還有那種「被車路包圍的快餐店」，就馬上覺得非常值得，沒想到居然會在這種情況下偶遇一直夢寐以求的那種快餐店！點了一份早餐，坐在靠近窗戶的位置用餐，一邊享受陽光的溫暖，一邊看著外面的車子經過，突然間有種夢想成真的錯覺。

利物浦市中心有兩座座堂，第一座是超過百年歷史，也是最多遊客認識的座堂，而另一座則呈現代化，設計比較新式。它們的風格各異，強烈建議一定要花時間把兩座座堂都看一下。

Liverpool Cathedral 由一名從未設計過建築的天主教徒 Giles Gilbert Scott 設計（沒看錯，的確是由天主教徒設計基督座堂），

利物浦基督座堂內部
天花的宏偉設計。

Liverpool Cathedral 由一名從未設計過建築的天主教徒 Giles Gilbert Scott 設計（沒看錯，的確是由天主教徒設計基督座堂），它是二十世紀最大的建築工程之一，簡單而高挑的內部環境令人驚嘆，一入門就感受到其莊嚴的氣氛，加上當時剛好有私人活動準備結束，風琴表演者仍在彈奏，那渾圓的琴音的聲音在座堂裡縈繞，讓人忍不住在教堂駐足傾聽，享受這難得的時光，畢竟要在一百多年歷史的座堂聽到風琴演奏，對遊客來說是不容易的事。另外，座堂的鐘樓是世界最大、最高的鐘樓之一，高達 101 米，額外付費就可以一登鐘樓，俯瞰座堂四圍的景觀。

Metropolitan Cathedral 的外觀非常時尚，以灰調的石材作主材料，再搭配不同顏色的透明玻璃，看起來像是科學館或藝術館，與平時所見的座堂截然不同。正門外牆上有一幅巨型的石雕壁畫，入口處亦有圖騰浮雕，可惜教堂碰巧有活動包場，公眾不能入內參觀，只可以在外面繞圈看，不然應該會更驚艷它的設計之美。

現代化的建築令基督君王
都主教座堂有異於平常的座堂。

我沒有任何宗教信仰，但我也不排斥任何的宗教，尤其是不同國家的宗教建築物，往往都代表著當地的文化、人文歷史，像是來到歐洲會看座堂、去俄羅斯會看東正教教堂、在中國會看佛寺，單純地以一種欣賞的心態來參觀，為旅程添上更多有趣的回憶。

DAY 24 「落湯雞」遊博物館

來到陰晴不定的英國，其中最讓人不習慣的事應該就是天氣，明明早上起床外面在下大雨，但出門沒多久後太陽就會跑出來，然後藍天白雲便持續到日落，害我有幾次特意帶雨傘出門，結果根本用不著。當然，雨天轉晴天是小菜一碟，由晴天變雨天就麻煩得多了。

今日出門時陽光明媚，想說幾天的陰天後，終於讓我碰上好天氣，所以興奮得立即塗好防曬，趕緊出門去河邊碼頭 Albert Dock 散步，也順便參觀在旁邊的幾座博物館，特別是期待已久的 Merseyside Maritime Museum。誰料到出門才半個小時，剛到河邊拍了幾張照片，天空就突然變得烏雲密佈，而且伴著陣陣的強風。直覺這場莫名其妙的大雨應該會頗厲害，便趕快將行程直接跳至室內部分。

當我走到有遮蔽的地方差不多五分鐘後，外面開始下大雨，偶爾還會
聽到雷聲，幸好在下雨前順利到達 Albert Dock，而那裡會淋雨的地
方不多，就算要逛一個下午也沒關係了。

百年歷史的 Albert Dock 位於 River Mersey 旁邊，是一個經重
新規劃而活化的園區，這裡有許多特色餐廳、文創小店、設計旅
館，而利物浦市內很多博物館也集中在這裡，例如打算前往的 Tate
Liverpool、Merseyside Maritime Museum、International Slavery
Museum、Museum of Liverpool，還有很受歡迎的 The Beatles
Story 都可以用走路的方式前往，基本上所有主要景點都在五分鐘步
行距離。Albert Dock 的整體感覺是那種看起來有點復古味道，可是
又明顯經過翻新的風格，類似台灣的文創園區，特別推薦懷舊的紅磚
牆建築物，和戶外走廊兩旁那暗紅又粗糙的磚塊，看起來很有質感。

Albert Dock 的環境有點像
古老大學校舍建築群。

園區內有大大小小的博物館。

從 Tate Liverpool 的藝術展覽逛到 Merseyside Maritime Museum 的第二次世界大戰英國戰艦，再從 International Slavery Museum 的戰俘遺物逛到 Museum of Liverpool 的蒸汽火車，短短半天彷彿就將許多和利物浦或歐洲相關的文化、歷史都看一遍，雖然不一定可以將所有資料都一直記在腦海中，可是至少看完還是得到一些不一樣的想法，開拓眼界。

這場雨持續整個下午，可是周邊的英國人似乎都對這種程度的雨見怪不怪，依然在路上不慌不忙地走著，一副悠然自得的樣子。可憐我在旁邊就算有傘，也只能保住頭髮不濕，腰以下的部分早就被橫來的雨水弄到濕透，連鞋子也在離開 Albert Dock 幾分鐘後完全變成「水鞋」，從 Albert Dock 去車站，再回民宿才短短 10 分鐘的路程，就成了不折不扣的「落湯雞」。

DAY 25　玩到不想玩才回家的獨遊女生

對於認識我不久的人，會覺得我是很健談、搞笑、外向的人，但其實我骨子裡不是一個特別喜歡交新朋友的人，還沒開始說話就擔心氣氛尷尬。不過，在旅行時我的態度卻截然不同，大概是因為大家來自不同的國家，沒有太多壓力下可以放心和對方聊天吧？這次歐遊開始還不到一個月，便已經認識許多來自世界各地的旅人，有的是點頭之

Walker Art Gallery 的收藏非常豐富。

交,也有的到回國以後還保持聯絡,反正每一位「旅友」都是讓人很珍惜的緣分。

由於中西兩地文化不同的關係,華人覺得獨自出門來一場長途旅行是大膽的行為,尤其是女生一個人到外國旅行,更會被別人冠上「大膽、厲害」等形容詞,雖說只是去大城市旅行,但在別人眼中就好像要去非洲冒險似的。當然,也有很多人覺得長途旅行等同於「貪玩、有錢、揮霍、浪費」,但對於國外的許多人來說,旅行是一件理所當然的事,不管是在社會工作的人,或是仍然在求學的學生,有人會休假幾個月出國,甚至來一個「Gap year」讓自己脫離原有的生活,去尋找其他出路。

緣分讓我在旅程中遇上不同的人,從他們身上獲得許多新的想法,也聽到很多從沒想像過的故事,雖然地球之大讓我沒辦法親自去一一感受,可是在聊天的過程中,彷彿已經體會到一樣。

今天的利物浦之行看似只有 Walker Art Gallery 和 World Museum Liverpool,顯得有點單調,不過幸好在對著展品發呆之時,認識了

**DAY25 行程：
利物浦**

- Walker Art Gallery
- World Museum Liverpool

來自加拿大的女生，同樣是一個人到英國旅行，同時是來了差不多一個月，不一樣的是我只計劃出國三個月，而她是打算玩到不想玩才回家。兩個人就在博物館裡面找了一個小空間坐下聊天，居然不小心就聊了兩個多小時，要不是要趕廉價巴士去伯明翰，可能會一直聊到博物館關門吧？

印象深刻是她說了一句「Challenge mission impossible, and you will know that nothing is impossible」。看來下次一定要擺脫社會大眾思想的綑綁，來一場「直到我想回家才結束」的旅行。

DAY 26　歐洲最大的圖書館

離開一直在下雨的利物浦，來到陽光明媚的伯明翰，有一種終於可以呼吸新鮮空氣的感覺。

伯明翰是英國第二大城市，曾經以製造業為主要經濟收入，但現在卻不見重工業的蹤影，反而更像以旅遊業為主的觀光城市，隨著時代的改變，這個城市也慢慢變得不一樣。

記得有人說過伯明翰是「最醜陋的英國城市」，市內許多建築物都是在五十年代左右重建，完全沒有英國維多利亞風格，而且幾乎都是按

其實旅行就是要讓自己放鬆心情，要是每天東跑西跑趕時間拍照、打卡、上傳社交網站，看起來去的地方的確很多，但如此真的能細味自己所在嗎？

立體方形蛋糕般的圖書館
外形非常現代化。

照現代化規劃而建成混凝土大樓，商業味道很重。雖然我對於建築也沒有很與別不同的想法，可是公平一點來說，伯明翰只是少了一份英倫特有的古典氣質，不能說是「醜陋」，只是和其他城市風貌不同罷了。

從住宿的地方走到市中心那段的 Birmingham Canal，再沿著運河旁邊的小路散步。看著觀光小船從身邊緩緩經過，也看著餐廳的人享受午後酒吧時光，配上藍天白雲的絕佳天氣，突然好想時間能夠暫時停留在這一刻，延續這份難得的心情。

對於長時間的旅行，我喜歡用慢遊的方式來遊玩不同地方，無論是參觀景點也好，沒有目的般亂逛也好，讓自己處於一個完全放鬆和睡飽的狀態來開展新一天才是最重要。其實旅行就是要讓自己放鬆心情，要是每天東跑西跑趕時間拍照、打卡、上傳社交網站，看起來去的地方的確很多，但如此真的能細味自己所在嗎？

莎士比亞紀念室。

來到伯明翰，個人覺得不可錯過的地點是歐洲最大的圖書館 Library of Birmingham。這座號稱是英國十大熱門景點之一的圖書館，從開

Library of Birmingham 館藏量十分驚人。

幕以來就吸引二百多萬名遊客參觀，它耗資整整£1.8億打造，蛋糕般的外型以兩種大小和顏色的金屬圈拼貼出外牆，金色材質和透明玻璃為主調，從外面看著低調中不乏奢華感。

寧靜又舒適的圖書館內開放給公眾參觀的空中花園和莎士比亞紀念室，像我這種沒有網絡的旅人就可以來這邊連線上網，看完圖書又能去看風景，天氣太熱時還能來吹冷氣。早上去了一次圖書館，煮晚飯前又再去多逛一圈，要是我小時候住在伯明翰圖書館附近，以這麼喜歡圖書館的程度，可能現在已經是滿肚子學問的人了。

DAY26 行程：
伯明翰

- Birmingham Canal
- Library of Birmingham
- Town Hall
- Victoria Square
- Birmingham Museum &
  Art gallery

DAY 27 勇於「雞同鴨講」開眼界

很多人都以為會去歐洲旅行的人，應該是説得一口流利外語的人，不然怎麼和外國人溝通呢？但其實只需要正常程度的英文，便可以安全無恙地在多國旅行，或多或少沒辦法百分百表達自己所想，但基本溝通是完全沒問題。

畢竟世界各地的語言數之不盡，要求所有人都能流利地使用單一語言來説話是不太可能的事。如果每個人都因為自己説得不流暢或是不標準而拒絕與他人溝通，那豈不是一輩子都只活在自己的小世界中？我也曾在旅途上和許多不是以英文作母語的旅人聊天，雖説大家在表達時會有小障礙，但最後還是可以指手畫腳地聊東聊西，依然談得很開心。

在 **Birmingham Cathedral**
碰上禮拜活動。

新舊交錯的伯明翰保留了
許多歷史悠久的特色建築。

走進 Birmingham Cathedral，原本只是打算隨意走一圈，避開熾熱的正午陽光，沒想到碰巧正舉行活動，一入門就聽到非常柔和的詩歌。就在我打算轉身離開之際，突然有一位職員過來説只要在參觀過程保持安靜就沒問題，我都還沒有説「Okay」，她就把我帶到禮堂最後一排的椅子，還給我一份詩歌集。我沒有去過教堂禮拜，更沒有聽過教徒在教堂唱詩歌，完全沒有料到有機會在伯明翰第一次體驗。

不曉得是現場氣氛的關係，還是教堂拱形屋頂建築產生迴音關係，平日覺得很沉悶的詩歌，當時聽起來居然完全不會無聊。老實説，無論是詩歌，或是有人在台上分享，我都是只能聽到一部分，再從上文下理推算剩下沒聽懂的，即使真的有不明白的地方，依然無損自己的心情。

之後去 St. Martin in the Bull Ring 也是剛好遇到教會聚會，整個教堂都是老伯伯、老婆婆，可能是長者們的小派對吧？不過我這次並沒有逗留很久，反而是在準備離開時遇見兩位六十多歲的老夫妻，一見如故的我們還在教堂外的石階坐下來聊了一會兒。我想，他們的口音對我來說有點難懂，而我的口音於他們而言應該也不容易明白，不過在對話中還是感受到他們滿滿的關懷和愛，一邊叮囑我在旅途中要小心，一邊訴説自己也希望能夠在雙腳走不動前多去旅行。

DAY27 行程：
伯明翰

- Birmingham Cathedral
- St. Martin in the Bull Ring
- Birmingham Markets
- Bullring

許多時候「牆壁」是自己一手建成，就算覺得自己外語説得不好也不必害怕去和別人交流，畢竟外語不是母語，能夠溝通就已經很足夠，

要是因為心理障礙而限制交友圈子，不去聆聽其他人的故事，或分享自己的趣事，豈不是太浪費人生嗎？就帶著這種莫名的自信，繼續用有限的英文在旅途中盡情認識新朋友吧！

整個城市瀰漫悠閒的氣氛。

DAY 28　與屋主來一頓日常晚餐

以為廉價巴士就一定會延誤，還買了麵包、零食打算在車上吃，想不到這次到達布里斯托的時間比預算中早，背著沉重的背包穿過大街小巷，在車水馬龍的街上按照地圖前行，好不容易總於找到這間躲在巷子裡的民宿。按下門鈴，叮咚叮咚……咦？好像沒有人在家。不服氣再按一次，叮咚叮咚……依舊沒有人應門，看來因為未到約定時間，屋主應該不在家。正打算先到附近找個地方等待時，一位女生迎面而來，彼此對上眼，有如心靈感應般笑了出來，果然她就是剛好回來給我門匙的屋主。因為她本身在附近上班，所以第一次見面時也沒聞多聊，只能匆匆將鑰匙交給我後便離開，叫我自己隨意休息，晚上回來再和我吃晚飯。

當我回過神來時，突然想到：那我要買東西回來嗎？還是要在餐廳吃呢？到底她喜歡吃甚麼呢？早知道就不要傻傻地說好，應該問清楚才是。不過沒關係，反正就順便買食材回來，要是不用煮就留待明天自己吃算了。

我想有時候重要的不是食物，而是一起用餐的人吧？

令人驚心動魄的吊橋。

走在布里斯托街上，不知道為何總是散發著一股休閒的氣息，那是一種讓人不自覺放慢步調、腦袋很想放空的氛圍，彷彿來到這個城市之後，連人都會變得慵懶起來。現在回想一下，我其實頗喜歡布里斯托，大概是英國之旅到訪過的城市中的首三名，那舒適的氣氛是來自自然的氣息，既面向海洋，也有市內佔地極廣的綠化區域，相隔一段距離便可見到綠油油草地、花園，難怪來到布里斯托後會如此身心輕鬆。

像我一樣喜歡大自然的人，一定要前往位於市中心西面的 Clifton Suspension Bridge 和 Clifton Observatory 一帶，那邊是整個布里斯托最大的綠化空間，不僅能夠一覽壯觀的懸崖峭壁，欣賞有如藝術品的石牆，還可以走上鋼鐵吊橋，享受站立在峽谷中央的震撼感。雖然整條吊橋不足 100 米，理論上可以用幾分鐘走完，不過當身在其中的時候，卻發現吊橋的絕佳拍照位置會令人流連忘返，一直瘋狂按快門而忘記前往下一個地方。吊橋的兩側皆設有行人通道，去程和回程時可以選擇不同方向，那就可以同時看到兩邊的景色。

不知不覺，在 Clifton 區已經逛到差不多六點，便沿著 River Avon 散步返回市中心，看到超級市場還順便買了一點雞肉、蔬菜，再配搭在

伯明翰吃剩的意大利麵，還有藍莓杯子蛋糕，這分量應該足夠我和屋主吃。

沒有夜生活的晚上，我們早早就開始準備二人晚餐，簡單的食材和隨興的煮法。我想有時候重要的不是食物，而是一起用餐的人吧？吃著意大利麵，看著電視中的搞笑節目，享受一頓非常「家庭日常」的晚餐，突然感慨：很久沒有這樣子在家裡吃晚飯了。

**DAY28 行程：
布里斯托**

- Bristol City Museum and Art Gallery
- Clifton Suspension Bridge
- Clifton Observatory
- River Avon
- Millennium Promenade

DAY 29　市集擺攤體驗當地生活

來到歐洲差不多一個月，才發現原來不少外國人都對中文有著濃厚的興趣，有的甚至已經試著從不同途徑學習中文，只是對於他們來說，中文從書寫到發音都非常困難和複雜，所以當他們知道我來自香港，總是表現得特別感興趣，找到機會就一直叫我教中文，說是要「挑戰世上最難的語言」，即便不能在短短時間裡說出完整的句子，至少也要學會如何寫和唸自己的名字。

屋主 Catherine 是布里斯托大學的研究生，雖然本科是數學相關學科，但她也同時研習中文。學習一種新的語言不容易，尤其是日常根本毋須使用，就會變得難上加難。Catherine 認為香港一般學生都會兩文三語很厲害，但我反而覺得沒有機會應用，也沒有去過華語地區

我就在這小食檔幫忙。

St Nicholas Market 即使在平日人流也很多，熱鬧非常。

> 有時候認識當地人，會讓自己更了解當地的文化，比起參觀任何景點來得更難忘。

的 Catherine 能學會基本的中文會話、看懂簡單的中文才是更厲害。

因為 Catherine 的弟弟每天中午都會在 St Nicholas Market 賣小吃，所以在她的邀請之下，我也跟她一起前往這個小市場，親自體驗在外國市場賣東西。雖然我沒有正式的售貨經驗，頂多只在中學時辦過義賣小攤，但還是希望能夠親自幫忙一下。

St Nicholas Market 是一個當地人和遊客都會前往的市場，主要以乾貨為主，不論是奇特的布料、色彩繽紛的香料、設計誇張的銀器、民族風情的飾品⋯⋯都能夠在市場中找到，只要花點時間慢慢逛，不難以優惠的價格找到意想不到的東西。

賣小吃的攤位集中在戶外，而所謂的攤位其實是用木頭分隔出來的一個小空間，大約就是成年男生張開雙手的寬度，粗糙之中又不失人情味。雖說是來幫忙賣東西，但事實上大部分時間都是坐在攤外聊天，偶爾有客人過來光顧才走回去，感覺非常舒適、自由，就像 Catherine 所説，很多人在這裡賣小吃不是為了要賺錢，而是單純地為興趣，賣不完大不了就當作晚餐吃掉，錢夠用來過日子就行。有時

DAY29 行程：
利物浦

- St Nicholas Market
- Castle Park
- St Mary Redcliffe
- M Shed
- Bristol Cathedral

公園裡聚滿曬太陽及野餐的當地人。

候認識當地人，會讓自己更了解當地的文化，比起參觀任何景點來得
更難忘。

DAY 30　錯過了的羅馬浴場

我是一個有一點點強迫症的女生，記得幾年前剛剛開始一個人旅行，
我總會將行程規劃至百分百完美，沒有完整的路線在手上是絕對不敢
出門。那時候還誇張到以 10 分鐘為單位，例如説 10:00-10:50 要在
某個地方，就必須準時到達和離開，就算遲到 15 分鐘，也不可以把
之後的行程推延 15 分鐘，現在想起來真的覺得很好笑。不過這種情
況也沒維持多久，後來慢慢在一個人的時候了解到「放鬆時就該放
鬆」的道理，才發現旅程中最值的回味的地方，不一定在於所謂的大
眾景點，反而一些誤打誤撞找到的新事物，會讓整個旅途更有驚喜。

這次歐洲旅行依然是一場沒有認真規劃的旅行，出發前的功課只是尋
找每個城市之間的交通方式，甚麼景點、餐廳都沒有看過，所謂的行
程都是前兩天才大約寫出來。像是來巴斯之前，也是靠前一天在網上
大約看一下推薦，見到屋主時又順便問問她的意見，再在地圖畫上記
號，就乘火車出發。

如果説到巴斯，很多人都會想起《羅馬浴場》，就是那部由阿部寬主

巴斯有一條新月形的特色街道，
三十幢住宅連接著建築。

演的日本電影。位於巴斯的浴場沒有讓人穿越的力量，但每年依然吸引超過 100 萬名遊客前來朝聖，而本來也應該是那 100 萬人其中一位的我，竟然因為一個小意外，最後來到巴斯卻沒有親眼看到羅馬浴場。

話說這個羅馬浴場是每位巴斯遊客的必到景點，那自然門外就會有一條長長的隊伍等待買票入場，我想剛好來的日子是假日所以比較多人，那隊伍目測絕對超過 100 米，就連工作人員都說可能要排兩個小時以上才能到售票處，建議先去其他地方，晚一點再回來。於是我就一邊吃著美味的芒果雪葩，一邊開始在市內的大街小巷亂晃，走去 The Circus 和 The Royal Crescent 拍照，還趁著有陽光在草地上躺了一陣子。差不多整個下午過去，才漫步回去 The Roman Baths。沒想到當我回去之後，發現門外完全沒有人龍。就在我滿心歡喜準備要去買票時，突然看見售票處外有一張臨時告示，寫著「浴場今日提早關門」。

要是以前的我，面對這種事情可能會立即生悶氣，氣自己為甚麼早上不堅持排隊入場，可是現在的我雖然會感到有點可惜，但心情也沒有被影響太多，反而會覺得「留點遺憾，下次就有理由再來一次了」。

DAY30 行程：
巴斯

- The Roman Baths
- Bath Abbey
- The Circus
- The Royal Crescent
- River Avon

DAY 31　省入場費的牛津遊

我曾經以為自己背不動 20 公斤以上的行李，沒想到我卻能背著它走一個小時找住宿，還爬上幾層樓梯；我曾經以為一個人的旅途會讓我不適應到要哭著回家，沒想到我卻是在異地得到許多美好的回憶，帶上滿滿的喜樂離開。而在牛津的短短一天，「突破自己」的奇蹟又再次出現。

來到世界知名的學府，當然要多花時間走走，雖然以自己的成績沒辦法考進牛津大學，但有機會來到這裡吸收天地靈氣，我想人也應該會變得聰明一點吧？不過在還沒有變得聰明前，就發現自己做了蠢事。

原本計劃是在牛津停留一天半，然後劍橋也是一天半，加起來就剛好

省錢小撇步
其實每間學院都長得非常相似，不論是建築風格或內部設計也是大同小異，要是不想每間學院都付錢參觀，可以集中時間在 Christ Church、Balliol College、Trinity College 等幾間比較多人認識的學院，不一定要將牛津的每間學院都參觀一遍才算來過牛津。

不同學院的內部相差不大，毋須每個都付費入場。

如霍格華茲的華麗飯廳。

利用三天逛完英國兩大學府。只是在我檢查車票的時候,卻突然發現隔天不是坐下午的巴士離開,而是一大早七點出發的車,那就代表只有一天的時間來走遍牛津,然後睡一晚就要匆匆趕去劍橋了。雖然會有點氣自己不小心把乘車時間弄錯,但事到如今也是沒辦法,只好盡量將一天半的行程都塞到同一天。

在遊客中心拿到牛津市內的街道地圖,也請教了服務人員要怎麼安排時間才可以去到心目中幾間博物館和學院,接下來就是開始暴走式尋找景點。從早上十點開始逛,先去朋友推薦的 Museum of Natural History 和 Pitt Rivers Museum,看了多不勝數的牛津大學收藏品,之後便正式開始學院之旅,看到一直到傍晚五點多學院開始關門,才依依不捨地買晚餐回去旅舍。

整個牛津有很多學院,每一間幾乎都需要獨立收取入場費用,用以支持學院發展。當天就有在某學院門口看到有遊客一直在爭論門票問題,而且吵得很大聲,說是已經在旁邊的學院付錢,然後想用同一張門票到另一間學院參觀,雙方一直吵來吵去,最後鬧了很久才付錢入場。

其實用一天來逛牛津也是可以，體力上絕對能夠應付，即使已經走了差不多八小時，也沒有覺得累到不想再走，但沒想到應付不來是自己的腦袋，無論是博物館的展覽，還是充滿文藝氣息的學院，實在有太多東西想要拼命記住，結果一個不小心便累到腦袋了。

不過樂觀一點來想，這樣也算是大大提升腦袋的記憶容量吧？

DAY31 行程：
牛津

- Christ Church
- Modern Art of Oxford
- Ashmolean Museum
- St. John Chapel
- Museum of Natural History
- Pitt Rivers Museum
- Sheldonian Theatre
- Museum of the History of Science
- The Bridge of Sighs
- Old Bodleian library
- Radcliffe camera
- St Mary the Virgin
- Balliol College
- Trinity College

DAY 32　幸運地入住劍橋英式別墅

離開牛津，乘坐早班巴士前往劍橋。

牛津和劍橋都是世界級學府，兩者的距離不算太遠，兩地皆有交通工具由倫敦前往。要是想慢慢探索這兩個地方，可以像我一樣先去牛津，再乘車到劍橋，之後回去倫敦就不用繞路浪費時間。我的建議是每個地方至少要停留一天，才能把基本的景點和學院都看一遍。

和屋主約了差不多十一點到達民宿，所以先在附近吃點早餐，再走過去和劍橋市中心距離 10 分鐘的住宅小區，這邊完全沒有任何商店，每一棟房子都是三層高的英式別墅，環境比起市中心寧靜得多，除了偶爾有汽車和巴士經過，大部分時間只聽到微風吹動樹葉的沙沙聲。比起乘搭市內巴士，好像更多人喜歡騎單車穿梭大街小巷，不論是小

非常寧靜和舒適的學院環境。

孩或大人，甚至是有點年紀的老人，都會以單車代步，可能是因為少很有車輛的關係，感覺空氣也比較清新，隱隱約約散發出一股青草香氣。

走到民宿外面，突然發現屋主一家正在搬行李，是怎麼回事呢？就在我還搞不清楚發生甚麼事的時候，屋主突然先走過來和我打招呼，確認我是入住的客人，之後就解釋說他們一家臨時計劃去冰島旅行兩個星期，所以這兩天把整棟屋子交給我，只要我在離開時確認屋子有鎖上所有門窗就可以，其他設備都可以隨意使用，反正就是當成自己的家。在稍為介紹一下房間和廚房的位置後，才見面半個小時便已經屋主一家說再見。

雖說我有付住宿費，可是我完全沒有想到那一點點的錢居然可以讓我獨住在有前後花園的英式小別墅。不論如何，很感謝屋主對我的信任。之後在荷蘭阿姆斯特丹、比利時布魯塞爾、法國圖盧茲、西班牙馬德里和馬拉加也遇到同樣的「屋主旅行」事件，難道外國人就是放心讓陌生人住在家裡嗎？我想這在香港是不太可能的事情。

也有不少人選擇坐小船遊覽劍橋。

因為昨天在牛津瘋狂暴走到有點累的關係，加上一大早就起床坐車來劍橋，根本沒有好好休息過，今天幾乎也沒有太多精力，只好先到幾個喜歡的學院，然後將原本想逛的博物館留到隔天。因為出發之前有做了一點功課，所以今天的目標非常清晰，包括尋找牛頓被蘋果打到頭而發現地心引力的蘋果樹、傳說中最有氣勢的 King's College、不用一根釘子就能搭出來 Mathematical Bridge 等等。和牛津的學院一樣，每個學院都有各自的入場費，要是想省錢和省時間，基本上去 St John College、Trinity College、King's College 和 Queens' College 就非常足夠，畢竟整個劍橋大學有多達三十多個學院，不可能都走一遍。

逛完牛津大學和劍橋大學的幾個主要學院，發現它們都是以哥德式、巴洛克式的建築風格為主，看著就是電影《哈利波特》中的場景。在牛津的時候天氣很好，藍天白雲配校園建築顯得朝氣十足，某些學院更批准參觀者走上草地；在劍橋的天氣雖然有點陰沉，但卻帶有一種憂鬱的味道，意境彷彿更有層次。

雖然我總說這兩個地方好像差不多，但實際看著又不盡相同，還是要親自來一趟才可以體會。

DAY32 行程：
劍橋

- St John College
- Bridge of Sighs
- Trinity College
- King's College
- Queens' College
- Mathematical Bridge

劍橋也有市集販售手工蛋糕、二手書等雜貨。

DAY 33 在劍橋市集尋寶

對於許多外國朋友來說，成年是一個搬離家庭獨自生活的時機，不論是要繼續升學或工作，很多時候都需要自己在外找房子；不過，香港的年輕人一般都沒有能力搬離家庭，像我最多也只是試過一個人在台灣工作，住在一眼看到盡頭的小套房。真沒想到這次的英國劍橋之旅，居然能夠獨自享受整棟英式小別墅，在充滿古典氣息的地方過一下嚮往很久的一人生活，讓我忍不住暗暗竊喜半天。

只是沒料到，我實在沒有一個人享受大屋的勇氣。

雖然整棟房子有三層，不過廚房和客廳在地面，而我的房間和浴室在一樓，所以活動範圍就多數在這兩層，並不用前往地庫和頂樓。可能是以前太喜歡看外國的恐怖片，特別是房子有邪靈的那種，所以當一個人在房間準備睡覺的時候，總覺得有點毛毛的感覺，就算再三確認所有門窗已經關妥，依然是有點害怕，尤其是木地板有時候會莫名其妙傳出吱吱聲，不開著電視或音樂蓋過其他聲音，真的有點難睡著。

很多時候孤身在外旅行，事無大小都只能自己克服、面對，所以這次

在香港也不時會看到穿著劍橋大學衛衣的人。

就默默地說服自己不要胡思亂想，趕快睡覺，最後理所當然地沒有任何奇怪的事情發生，平安地過渡一夜。

我發現在劍橋大學的這兩天都過得很休閒，幾乎都是在沒有時間顧慮的狀態下到處逛，拿著在遊客中心拿到的簡易地圖，看著連街名都沒有的路線，依靠直覺和周邊環境來推測前行方向，有點像以前玩過的「寶藏遊戲」，不知道目的地在哪裡，也不知道有甚麼在等著，反正就是先找到想去的地方再說。走在優雅古典的樓房之間散步，聽到風聲鳥鳴，忽然覺得來到劍橋之後，心情變得輕鬆，好似重回讀書的年代。

這兩天在劍橋去過的地方不多，有時候看到別人所規劃的行程，也忍不住想問自己是不是錯過一些該去的地方呢？大概在其他人眼中，我根本就是浪費時間。不過我倒覺得這兩天的緩慢步伐對於長途旅行很重要，起了一個緩衝的作用，也當作是這一個月以來的第一個休息時段，為之後接下來的旅程充電，保留精力前往我很期待的倫敦。

省錢小撇步

劍橋大學衛衣是許多遊客都會購買的紀念品，價格大約是 £25 至 £35，如果想以低價購買衛衣，又不介意二手衣物的旅人，可以前往 Cambridge Market 挑選，大約 £10 就有一件，當中不乏看起來依然很新的衛衣。

DAY33 行程：
劍橋

- The Fitzwilliam Museum
- Whipple Museum of the History of Science
- Sedgwick Museum of Earth Sciences
- Cambridge Market

DAY 34　回到步伐急速的大城市

來到英國這麼久，對於很多地方都覺得非常喜歡，例如擁有濃厚文化氣息的愛丁堡、讓人心曠神怡的湖區、充滿特色歷史建築的巴斯……

即使已經在英國逛過不同的大城小鎮，也在當地朋友的推薦下去過各個景點，但至今好像還是沒辦法總結出一個「必去城鎮」，畢竟要選擇一個能完全代表英國文化的地方也是不容易。

不過來到英國之旅的最後一站，我卻開始了解為何許多第一次來英國的人都會選擇倫敦作主要目的地，這個擁有 860 多萬人口的首都，一直以來都是知名的旅遊城市，每天來自世界各地的遊客絡繹不絕，沒有靜下來的一刻。穿梭於倫敦大街小巷，不難發現這裡是一個大熔爐，說的不僅是文化，還有人文。

整個城市都是萬物交融之景象，可以在高聳的玻璃大樓旁邊找到歷史久遠的傳統英式建築，也可以在久經風霜的鐵橋隔壁找到時下流行的美食車，還可以在老舊的市場中找到新派英式餐廳，許多看起

國家美術館正門前坐滿不同國籍的學生與遊人。

倫敦市內有很多的常設市集，每逢假日總會吸引許多遊人。

來一點都不相關的東西放在一起，沒有予人亂七八糟的感覺，反而令我對倫敦留下特別深刻的印象。大概因為香港和倫敦同樣是充滿不同特色的地方所以我看著倫敦也好像有點熟悉，不覺得東西混在一起很奇怪，說不定在其他國家遊客的眼中，是截然不同的感覺吧？

除了老派的英國人，倫敦還有許多不一樣的面孔，有的人看起來是遊客，但原來是在倫敦住了幾十年的在地人，還有很多從外地移民過來倫敦尋找工作機會的人，都一起拼湊出倫敦特有的社會環境。

在英國的小城鎮旅行一個月，好不容易才習慣步伐緩慢、環境寧靜的生活方式，甚至想把這種步調保持，直到回香港才打回原形，沒想到身處倫敦後，已經要重新適應新的節奏。市內人口本來就不算少，再加上來自世界各地的遊客也聚在一起，每逢尖峰時間市中心處處都擠滿人，小小的倫敦頓時車水馬龍，這裡人流之多也是我在離港後，首次看到可與假日銅鑼灣、旺角媲美的地方。在小城鎮待久了習慣安靜、休閒，來到倫敦時的確有點討厭人擠人，不過這樣的倫敦倒是讓我想起香港的繁華景象，反而有種熟悉的感覺。

大概這種有關生活節奏的思考，也是旅行意義的其中一樣。

以前覺得生活緊湊一點，才是有效率、有進步的表現，但現在試過完全相反的步調後，再重新回到快速的世界，好像想法又和以前不盡相同，大概這種有關生活節奏的思考，也是旅行意義的其中一樣。

DAY34 行程：
倫敦

- National Gallery
- Apple Market
- Covent Garden Market
- Jubilee Market
- China Town
- M&M's world
- Piccadilly Circus
- Regent Street
- Bond Street
- St Jame's Park

DAY 35　窮遊旅人的「空中溫室」

幸好前兩天聊天的時候和屋主說到想去 Sky Garden，對方立即提醒我要先網上登記才能按預約時間入場，要不然我可能就已經錯過這個好地方。

Sky Garden 是倫敦的新興景點，主打在 35 樓的空中花園欣賞倫敦市中心的景色，重點是和對面的 The Shard 大樓觀景臺相比，它只要在網上登記就可以免費入場，不用花上一分錢就能俯瞰分隔兩岸的 River Thames，遠眺無人不曉的 Tower Bridge，絕對是「窮遊旅人」的必到景點。整個 Sky Garden 的感覺就好像空中溫室，以玻璃取代傳統的混凝土牆壁及天花，令陽光可以直接照射到室內，令原本已經非常寬闊的地方看起來更具空間感，遊客不僅可以在外面的觀景臺拍照，也可以在餐廳用餐。原本只打算在 Sky Garden 逗留一個小時，突然看到空中花園有餐廳，而且是非常漂亮的戶外用餐區，就順便去吃點東西再走，最後逗留差不多兩小時才捨得離開。

如果能在不同的旅途中，以欣賞別人的眼光去對待自己的城市，這不僅是把旅行期間的正能量延續下去的方式，還是旅行的其中一個重要意義。

吃飽後再去觀景臺拍照，看看不同角度的陽光拍出來會不會更好看，就在拍照拍到忘我的時候，警衛先生突然在旁邊閃出來，還碎碎念說「Oh, you are coming back again.」，害我嚇一大跳，想說：該不會是因為我在這裡拍完又拍，要將我趕出去吧？結果他卻聊起自己的故事。

從 Sky Garden 觀景臺看出去的迷人景色。

警衛先生說 Sky Garden 在 2015 年開幕，當時有很多人都想在這裡工作，因為工作內容簡單，而且可以天天看到美景，但是他做了才不到半年，就已經對外面的景觀有點厭倦，不懂為甚麼每天都有遊客排隊入場，而且每個角落都拍上一遍才甘心。不過，他也說到讓我很認同的地方，擁有的時候會覺得很膩，但要是失去了就會開始想念，所以他沒有想過要離開警衛的工作。

的確，當人在同一個地方一段時間，再新鮮的事情早就變得尋常不過，就連當初的心也會跟著被遺忘，剩下的就只有習慣，聽起來就像是相處多年的情人，即管眼前的人曾經是捧在掌心的明珠，對現在的自己來說就是待枯的花朵。時間洗禮之下，早就忘記以前的自己在想甚麼。或許是因為這樣的緣故，才使得每年都有數不清的人要出國散

倫敦著名地標 London Eye。

近看 Tower Bridge 更顯宏偉。

心,或是直接移民,離開自己熟悉的城市去尋找遠方的桃花源,希望找到有新鮮感的生活。

要是能夠抽身想想原本所擁有的東西,以旁人的角度來欣賞同樣的事物,其實很多事情根本不如想像中糟糕,比起事情本身,心態才是影響自己的關鍵。就像有的人在國外旅行,都會不自覺地將短短幾天所看到的優點無限放大,明明普通不過的事都好像要說成是獨一無二的稀品,結果回到自己的城市就開始感嘆這樣不好、那樣不好,只去羨慕別人擁有的東西,而忘卻原本的優點,這不是反而有點本末倒置嗎?更何況每個城市都會有其優點和缺點,只是外人不為所知罷了。如果能在不同的旅途中,以欣賞別人的眼光去對待自己的城市,這不僅是把旅行期間的正能量延續下去的方式,還是旅行的其中一個重要意義。

DAY 36　被隨手拿走的食物

人人都說倫敦的物價很貴,特別是外出用餐的開支很大,但因為我大部分時間只在超級市場買東西回旅舍下廚,或是偶爾在路邊買點小吃來嘗嘗,所以在吃的方面沒有感覺到任何財政壓力。

不過說起在倫敦的開支，我想錢包最痛的時候應該是預訂住宿，要在市中心找到便宜的住宿根本就是比登天還難，想當初隨便找一間在市中心的旅舍都差不多要 HK$500 以上，退而求其次找遠一點的旅舍也最少要 HK$300，只好選擇再外圍一點的 16 人男女混宿房型，才成功將每晚住宿壓至差不多 HK$180。可是不幸被安排在靠近門口的床位，而且是下鋪位置，基本上房間裡每個人出入都會經過我的床位，再加上半壞的木門一定要很力才能關起來，所以接連幾天都要忍受一直有人在旁邊「嘭嘭嘭」地關門，要是剛好遇上半夜才回來的住客，可能一晚就會被嚇醒好幾次。不過，由於早就預計到 16 人房大概就是這種狀況，因此沒有人睡覺時會打呼，或是半夜喝酒鬧事，就已經讓我要跪地感謝上天。

早上出門前，習慣先到廚房準備早餐，順便多弄一份三文治帶出門吃，但是當我打開冰箱後，才發現前天買的食材居然被人偷吃。袋子原封不動地放在冰箱，不過裡面的食材就只剩下半棵生菜和一小塊魚肉，其他的火腿、雞蛋、牛排都消失了。好吧，在曼徹斯特時早就有人警告過我，有些人喜歡在廚房偷吃別人的東西，那時候還傻傻地覺得怎麼可能有這種人，沒想到在倫敦就讓我遇上。

睡不好，又被偷食物，不過繼續在旅舍浪費時間也不會找回食材，那還是趕快出門看衛兵交接儀式好了。

帶上在便利店買的香腸卷，以為可以在儀式開始前佔到好位置，一邊

省錢小撇步
某些旅舍廚房會有免費食物可以供住客任意取用，裡面都是其他住宿旅人留下的食材，不過許多旅舍都沒有經常整理 Free food zone，建議取用前先檢查過期日，以免省了食材費卻賠上醫藥費。

相片拍得清楚，肉眼卻近乎看不見的衛兵交接儀式。

吃東西一邊等衛兵交接，沒想到 Buckingham Palace 早就擠滿遊客，就算已經提早半個小時來到也沒用。無論是衛兵從遠方開始步操入場，或是在皇宮裡的交接儀式，可憐的我只能在人群之中一直踮起腳尖，偶爾勉強看到一點點「黑色大頭衛兵」走來走去，要不是衛兵頭上毛茸茸的高帽，我可能會連衛兵走到哪一個位置都不知道呢！

整個交接儀式不長，對於看得到全程的人來說，或許會覺得這場精彩的儀式太快結束，可是對於不太看到的人來說，感覺有點像被困在人群中，那 30 分鐘不知道可以怎麼辦，想逃也逃不出去，反正就是「只聽音樂響，不見衛兵人」。

整天旅程結束之後，我還是在為看不到衛兵交接儀式而覺得耿耿於懷，總覺得怎麼可能人都已經到現場，結果卻只能高舉相機拍下照片才看到衛兵。一定要趁離開倫敦之前再來看一次，早一點去霸佔最佳位置，不然回家以後應該會非常後悔。

DAY36 行程：
倫敦

- Big Ben
- Buckingham Palace Changing of Guards
- Hyde Park
- Kensington Gardens
- Science Museum
- National History Museum
- Victoria and Albert Museum

在公園中寫意地享受日光浴的當地人。

DAY 37　在格林威治尋找時間的起點

因為是放鬆的長途旅行，每天睡到自然醒是正常不過的事，幾乎都快十一點才睜開眼睛，可是為了要早一點去 Greenwich，卻在九點前已經吃完早餐，準備乘巴士前往市郊的 Greenwich。

對於 Greenwich 的印象，我想可能是小時候學習時區概念時，教科書上寫的零時區 Initial zone，只知道它是時間的開始，在很遠的國度由零開始慢慢分成不同的時區，然後來到香港的時候就是相距八個小時。到長大後喜歡聽流行音樂，有的歌曲也會在歌詞當中提到 Greenwich，像是周杰倫的「我佔據格林威治守候著你，在時間標準起點回憶過去」，還有蘇打綠的「我們囚禁在格林威治的規則裡，在數位的銀色浪花中喘不過氣」，大概這個地方是時間的開始，也是讓人有思考空間的時區吧。

可能是因為碰上假日，小小的 Greenwich 比想像中熱鬧，到處都是遊人，在下車地方附近的街道隨意亂晃，就已經是人山人海。

整個 Greenwich 可以分為山下和山上兩個部分。山下是下車的地方，也聚集著各式各樣的景點，無論是想逛市場，或是參觀歷史建築，只要沿著市內的小路穿梭便可發現截然不同的世界。重點推薦在車站附近的 Greenwich Market，外面幾個小攤是以外賣形式販售著不同國家的菜式，就連泰國菜、西班牙菜都可以在這裡找到，而市場裡面則

> 與其一直壓迫自己，不如適時來點不帶任何思考的『放空時間』，了解內心真正的自己。

狀甚美味的炸丹麥條在
Greenwich Market 可以找到。

可以買到衣服、唱片、手工藝品等,也有傳統的英式糖果店。

山上是 The Old Royal Observatory,就是看本初子午線 Prime meridian 的地點。我本來也打算付錢去看那條傳說中的「時間起點」線,不過後來發現在外面好似也看得清楚,再加上要排頗長時間,就決定只遠遠拍一張照片便離開。

沿著 Greenwich Park 一路散步下山,雖然天氣不算很好,草地也有點枯黃,但整個公園的看起來反而呈現漂亮的金黃色,那休閒的氛圍吸引不少人躺臥下來放空。

城市人的生活忙碌,幾乎每天都被困在看不見的天空的地方埋頭苦幹,打工族趕著上班、寫計劃書,學生們為考試、功課而著急,就連家庭主婦也是要忙於處理家中瑣碎事,想「偷得浮生半日閒」絕非易事,彷彿只有離開原本生活的地方,才能稍稍得到喘息空間,也許這就是很多人都喜歡去旅行的原因之一。

旅行於我來說是生活的緩衝帶,算是讓我隔一段時間就重新充電的方式。在香港總是一天到晚忙得一頭煙,連睡覺的時間都不夠,更何況找時間放空,所以每次出門旅行都是讓我「放縱」的時候,盡量每天睡到自然醒,就算出門亂逛也不要把時間過於放心上。現在想想,大約這些在旅行時的「日常生活」,就是我在香港時的「奢侈品」,不過也幸好偶爾有這些「奢侈品」作為調劑,人生才不至於活得無趣。

DAY37 行程:
倫敦

- Greenwich Market
- The University of Greenwich
- The Old Royal Naval College
- The Cutty Sark
- Vintage Market
- The Old Royal Observatory
- Greenwich Park
- National Maritime Museum

不少遊人隨意在草地上休息。

與其一直壓迫自己，不如適時來點不帶任何思考的「放空時間」，了解內心真正的自己，既然外在環境不因自己而產生變化，那就讓自己的心態稍為調整，説不定這也是找到人生出路的其中一個方法。

DAY 38　用一件銀飾換一小時對談

想了解一地的歷史或人文文化，不少人都喜歡去博物館，特別是在幾乎所有博物館也免費入場的英國，每天不花點時間去參觀一下，實在是太對不起自己；不過，除此以外，其實在路邊的二手小攤都可以尋找得到。

可能是 Old Spitalfields Market 剛開市人流不多的關係，一個人在閒逛被地攤老闆搭訕，原本以為他想叫我光顧，所以抱著抗拒的態度一直想走開，不過之後聊了幾句發現他只是純粹想找人聊天，也就放心地坐在攤位和他聊起來。這小攤幾乎有一半都是二手衣物，其餘的東西也很難去歸類成某一類別，反正就是幾十年前的家庭用品、文

Old Spitalfields Market
有不少售賣二手衣物的小攤。

美食車傳出陣陣香味讓人垂涎三尺。

具、飾品……有點像在香港的鴨寮街，東西看起來都是放得亂七八糟，可是好像有關係的又會放在一起，只有老闆自己才清楚擺放的規則。

老闆在許多年前跟家人從印尼移民到英國，二手攤位是假日的兼職，算不上是賺錢的生意，以他的說法是無聊擺著玩玩，東西都是隨便付錢就能拿走，說不定哪天不想賣就直接消失。咦，怎麼聽起來是個任性的老闆呢？雖說老闆感覺不是很認真在經營，不過他對於小攤的東西卻是非常熟悉，隨便拿起一件小東西也能侃侃而談，而我這種門外漢當然不知道他說的孰真孰假，只能聽聽就算。在二手攤位聽聽老闆的故事，也不失為旅程中的一件樂事。

可惜我的後續行程還長著，沒辦法買那些大件的銅鐵製家品回去，而二手衣服的外國人呎碼又不合身，因此最後只買了一件小小的銀飾品，算是作為今天在二手市集的紀念品，也算是在攤位停留了一個多小時的「入場費」。

博物館是看珍稀無比的館藏，二手市集是尋寶天堂，兩者的東西沒辦法拿來對比誰優誰劣，只是因應時間長短和稀有程度而有所差別，那對於喜歡購物又想同時了解一地文化的人來說，大約二手市集感覺好像會比博物館有趣一點，至少在二手攤位看到喜歡的東西，付點錢就能帶回家。

如果想要在旅途中了解當地的風土人情、歷史背景，那博物館絕對會是首選；要是想貼近民眾日常活動的地方，從舊東西體驗異國文化，那二手市集就可能比較適合了。

DAY38 行程：
倫敦

- Old Spitalfields Market
- Brick Lane
- Vintage Market
- Leadenhall Market
- Museum of London
- British Museum

Leadenhall Market 是
倫敦最古老的市集之一。

DAY 39 沒有寫在旅遊書的景點──公園

為了彌補上次明明已經人在現場,卻又看不到衛兵交接儀式的遺憾,決定提早一個小時到 Buckingham Palace,霸佔有利位置。雖然到達時已經有不少人在等候,靠近皇宮那邊的圍欄更是站滿人,但比起之前差點擠不進去時已經好多了,至少站在馬路的那邊還是能夠看到衛兵近距離經過。衛兵交接儀式並非每天舉行,而且會因應季節調整時間,出發前記得先在官方網站查看日子及時間,以免錯過這場精彩的儀式。

嘹亮而具威嚴的音樂徐徐奏起,表示衛兵正從前方的林蔭大道 The Mall 前來,一位位身穿鮮紅制服、頭戴黑色高帽的衛兵排列整齊地步操,每一步也絲毫不差地落在拍子上。當繞過最佳觀看地點

林蔭大道是難以在香港看見的圖景。

Victoria Memorial 後，衛兵便進入皇宮進行交接儀式，亦是整場交接儀式最多人瘋狂拍照的部分。兩隊衛兵同時面向對方，經過一輪步操、敬禮、交換位置，以及無間斷的樂器演奏下，便宣告完成。

每當有衛兵交接儀式的日子，Buckingham Palace 也成為小偷下手的黃金機會，遊客必須要特別小心注意自己的財物。當天整個交接儀式結束後，就有遊客突然高呼自己的錢包被偷走，最後更要去警察局報失。雖說錢財身外物，但如果能夠在人多的地方再小心一點，就能夠避免許多不必要的意外。

離開人多吵雜的市中心，走到 The Regent's Park 享受在倫敦最後一天的時光，眼前沒有繁華的商業中心，更沒有人來人往的街頭，只看到老人帶著小狗來散步、閒著無事的家庭主婦坐在草地上聊天、鴨子和天鵝在水池享受日光浴、一家大小帶東西來野餐、年輕人聚在一起玩樂……

在香港的時候，公園就只是一片小小的綠地（甚至是混凝土鋪成的平地），裡面也只有幾個供小孩玩樂的遊樂設施，或是老人用的簡易運動器材，總是叫人提不起興趣。來到歐洲後，才發現這裡的公園與腦海中的既有印象完全不同，不但處處可見高大的樹木和偌大的湖，就連綠油油的草地也可隨便踏上去或坐下來。

野生的動物與人們和平共存。

DAY39 行程：
倫敦

- Buckingham Palace
  Changing of Guards
- Camden Town
- The Regent's Park
- Little Venice

從小就從課本中學會「地少人多、寸金尺土」，不過當時沒有出國旅行的經驗，所以對於香港面積有多「小」，人口有多「多」沒有準確的概念，直到自己親身出國看到不同的城市規劃，才知道原來土地利用還能如此「奢侈」，在市中心蓋的不是高樓，而將整片大面積土地保留作休憩用途。像是在歐洲，很多公園也非常值得去走一圈，裡面有林蔭大道、藝術雕像、水池、花園、小河……這些都是在自己城市沒辦法看到的公園景觀。進去看一看，說不定會有意想不到的驚喜。

荷蘭
Netherlands

DAY 40　「難忘」的跨國巴士之夜

整個 86 天旅程，在英國的日子大概是三十多天左右（在愛爾蘭的時間沒算進去），想去的地方都幸運地有去到，連沒計劃在行程中的事也驚喜地完成，單是想到自己居然順利完成整個英國路線，而且沒有太多預計以外的狀況發生，現在想起還是會忍不住覺得自己很厲害。

從英國前往荷蘭有幾種方法，最方便的話當然是乘搭飛機，「咻」一下就已經到達，當日轉機由阿姆斯特丹飛往愛丁堡也才差不多 1.5 小時，若從倫敦飛往阿姆斯特丹，大概一個小時即可到達，旅程時間不多的旅人應該會經空線跨越兩個國家；至於英國的北部、中部、南部都有船可以直達荷蘭，不過每天只有一班次來回，大約需要 12 至 16 個小時，聽説船上的環境頗舒適，睡一覺再吃點東西就差不多到達；而我這次採用的方式是乘巴士，依然是搶到 £1 的幸運特價票，全程約 12 個小時，途中會經過 English Channel，之後駛過法國、比利時才會到達荷蘭。

前一天晚上在倫敦市中心的 Victoria Coach Station 出發，不意外地巴士大約延誤一個多小時才到，車站本來早就擠滿等車的人，再加上後來乘客開始有點鼓譟，不斷來往櫃檯和隊伍之間查詢狀況，空氣好像都快要被吸完的感覺，所以上車後大家都呼呼大睡，中途過海關的時候有醒過一陣子，不過在檢查護照後又馬上睡覺，再醒來的時候已

市中心非常熱鬧，阿姆斯特丹近六點天仍亮得很。

經天亮，算是輕鬆地渡過一晚。

到早上差不多七點左右，司機在高速公路休息站停車，讓乘客下車透透氣，也順便吃點東西，不過因為怕車子會開走，所以自己也不敢走得太遠，隨便買了早餐後就在車子旁邊的草地坐著，呼吸久違的清新空氣。

原本 12 個小時的車程，結果在路上晃著晃著差不多 18 個小時後才順利到達阿姆斯特丹，下車時覺得腰都快要斷掉，腳也差點伸不直。雖然這種交通方式最便宜，可以省下交通開支用在其他地方，不過長途巴士跨國真的只適用於有很多時間可以慢慢花的旅人，還有完全不會暈車、不怕沒辦法伸展、不怕長時間困在車上的年輕熱血旅人，超過 30 歲的就建議不要選擇了。下次我大概也會寧願多付點錢去乘飛機或船。

回到民宿放下行李，已經是晚上六點多，幸好天色依然很亮，於是決定出門去屋主推薦的 Bloemenmarkt 和 Waterlooplein Market 採購食材，順便看一下阿姆斯特丹的市中心。不過可能是搖了差不多整天

DAY40 行程：
阿姆斯特丹

- Bloemenmarkt
- Waterlooplein Market

巴士的關係，和下班時間很多人在路上，逛沒多久便覺得有點累，最後只有隨意看看就回去，留待明天再探索吧。

DAY 41　大麻、性工作者不罪惡

在沒有規劃旅程前，對荷蘭的印象只是停留在風車，總覺得來到荷蘭就會看到滿街都是風車，後來再上網多找點資料時，也慢慢開始了解到荷蘭的鬱金香、運河、大麻和紅燈區都是非常有名，絕對不是只有獨沽一味。

市中心之行以整個阿姆斯特丹最熱鬧的街道 Kalverstraat Street 開始，沿途都是不同的大型商店，密集的樓房和狹小的行人路與我想像中的阿姆斯特丹不太一樣，所以稍稍逛一圈，買了一點手工芝士當零食就離開大街，準備去鬧區以外的地方走走。

大麻在很多國家都被視為毒品，無論藏有、販賣或吸食也是嚴重的罪行，不過來到荷蘭這個地方，大麻卻屬於軟性毒品的一種，和海洛英、冰毒、可卡因這類硬性毒品不同，民眾可以在指定場所吸食而不違法。荷蘭國民對此也有不同意見，在荷蘭居住 20 年的屋主對大麻很反感，但她的老公卻覺得大麻合法化有道理。

市中心處處都看到
古色古香的建築。

荷蘭的 Café 與 Coffee Shop 有很大的分別。

屋主特意提醒，阿姆斯特丹市內有許多「Café」和「Coffee shop」，在其他地方兩者未必有分別，但在荷蘭，前者是指喝咖啡的地方，後者則是販賣大麻的地方，如果沒有當地相熟的朋友帶領，記得不要隨便闖入「Coffee shop」，以免不小心惹上麻煩。要是真的很想試試大麻的感覺，屋主建議可以點選大麻蛋糕、大麻咖啡，強度會比直接吸大麻低一點，或是到市中心某些有售賣大麻類製品的紀念品店，他們都有大麻糖果、茶包之類的產品，雖說含量很少，不過也算是有嚐過。

除了大麻之外，紅燈區也是阿姆斯特丹的一個特色，但千萬不要覺得這個城市充滿「毒」和「性」就會治安不好，可能是因為這兩樣事情都只能在指定地方進行，所以一路上感覺都非常安全，

在紅燈區，每位性工作者都有屬於自己的店鋪。在小巷穿梭時，隱約可以看到店裡都會有一張床，旁邊是小小的洗手盆和幾條毛巾，某些會附有情趣用品。有生意的時候，她們會把窗簾拉上，所以看到窗簾拉上的店，就代表正在做生意；沒有生意的時候，就會把窗簾拉開，並在落地玻璃後擺出誘人的姿勢以吸引客人，場面極為香艷。看著她

省錢小撇步

外國快餐的分量比較大，如果平時食量不多的話可以點兒童餐，只比香港吃的普通套餐少一點。以阿姆斯特丹來說，兒童餐除了漢堡、薯條、汽水，再加一杯雪糕也只需要 €4 左右，算是便宜的選擇。

143

DAY41 行程：
阿姆斯特丹

- Kalverstraat Street
- Dam Square
- St Nicolaaskerk
- Nieuwmarkt
- China Town
- Oude Kerk
- Red Light District

們身上的性感內衣，火辣辣的身材曲線，的確是叫人目不轉睛，連我都有點面紅耳赤，不好意思停留太久。

紅燈區是一個神秘之地，同時也是一個任何人都能前往的地方，像我這樣的年輕女性遊客進去也不會惹人側目，不過為了保護在區內工作的女性，拍攝、錄影也是一律禁止，加上傳聞區內是由許多黑幫勢力看管，如果發現有人在區內攝影，不僅會被搶走相機，更可能會被人狠揍一頓。算是尊重性工作者也好，避免血光之災也罷，反正就乖乖地將相機收起來，免得產生誤會。

一天之內看到了許多在香港很少接觸的地方文化，特別是一直被視為禁忌的「毒」和「性」，再一次深深感受到不同地方之間差異。

DAY 42　在城市中親親大自然

如果説女生的心思很難猜，那我覺得歐洲的天氣應該比女生的心更難預測，短短一個小時就能風雲變色。有朋友問「為甚麼早上的照片是藍天，下午就變成烏雲密佈呢？應該不是同一天拍的吧？」實在是問到重點，可是我也真的不知道為甚麼會這樣。

在歐洲的這段時間，我試過太多次突然變「落湯雞」的經驗，所以陣

雨對我來說已經免疫，反正濕的衣物很快就被太陽曬乾，趕得及就自己找個地方坐一會兒、吃點東西，當作是旅程中的休息時間。比起突然下雨，更讓我煩惱的是氣溫變化，經常一天之內經歷春夏秋冬、冬秋夏春，就連思考該穿哪件外套出門都是令人頭疼的問題。

早上出門時看見天色陰暗，而且帶有涼意，所以就穿上稍厚的外套，結果出門還不到 10 分鐘，仍在樓下的公園散步時，天氣真的突然轉壞，不只烈風來襲，還看到遠處有一大片極厚的烏雲正往我的方向前進，幸好在這一個多月訓練有素，看到情況不對就決定先回民宿，最後幾乎是在被風吹到半推半跑的狀態下回到去。就在入門五分鐘後，外面開始下起大暴雨，我和屋主都驚訝這場雨來得突然，就連天氣預報也沒有提及，此刻的我站在窗邊暗喜：「天啊，我真的是天氣界的超級天才！」

無法不羨慕在這城市裡生活的人。

屋主在綠油油的草地上
搭建了小帳篷。

這次在阿姆斯特丹選擇了一間家庭式民宿，對方一家六口，還養了三隻小貓，是一個非常溫馨熱鬧的家族，也是我選擇這兒的原因，當時預計會是很有趣的住宿體驗，而實際上也的確如我想像，每一天在民宿的時光都非常開心，即使大家的英文都不是很好，可是依然笑聲不斷。大概是因為我們在短短幾天就變得熟稔，所以屋主打算和小孩出去公園玩，也會叫上我，說是要帶我看看阿姆斯特丹人常去的秘密基地。

中午先去完成自己的博物館行程，差不多六點就跟著屋主一家前往 Rembrandtpark 和 Vondelpark。

這兩個位於市中心西南方的大公園，看起來比之前在英國去過的公園更誇張，根本是森林公園般的等級，陽光穿過濃密的樹葉灑落在地上，綠油油的青草猶如寶石般耀眼，偶爾看到偌大的湖泊，轉角發現一大片青青草地，再往前走甚至看到野生白鷺的棲息處，沒想到在大城市中會有一個讓市民如此親近大自然的空間。看著小孩在草地上互相追逐，累了就坐下吃點心，真羨慕他們可以在這種環境下成長。

坐在屋主搭建的小帳篷下，喝著他們準備的香檳，聊起大家小時候的
生活，説起不同成長階段的故事，從牙牙學語到現在獨立生活，人生
匆匆幾十年似乎過得比想像中更快，大約像我們這種不是社會棟樑的
料子，與其勉強自己去做不喜歡的事，倒不如在苦悶的生活中找點樂
趣，學會享受人生。

而我……最大的樂趣就是到處旅行。

**DAY42 行程：
阿姆斯特丹**

- Museum Square
- Van Gogh Museum
- Stedelijk museum
- Rijksmuseum
- Rembrandtpark
- Vondelpark

DAY 43　利用一日車券來場郊區小旅行

去旅行遇見最美的事物不一定是風景，在外地遇上不同的人，不論是
路人甲乙丙丁、交通工具的司機，或是住宿地點的工作人員、偶遇的
臨時旅伴，要是碰上好人，就算地點本身吸引度不高，也會為旅程加
分。

前兩天在遊客中心找資訊時，認識了兩位來自韓國的男生，因為剛好
發現大家也打算利用一日車券前往 Edam、Volendam 和 Marken，
所以決定結伴同行。三個小城鎮都是位於阿姆斯特丹東北方的沿海郊
區，距離市中心約半個多小時車程，有市內巴士可以直達，算是頗多
遊客會慕名而來的地方，就連本地人也會趁周末去一趟小旅行，感受

Edam 人煙相對較少，是適合漫步的靜謐小鎮。

遠離繁華鬧市的寧靜小城。由於這三個小鎮之間只相距大約 20 分鐘車程，所以可以盡量安排在同一天遊覽。

到達 Edam 時，車上只有我們三個人下車，而且四周看起來非常寂靜，甚至有一刻懷疑自己是不是下錯車，幸好後來沿著翠綠的運河前行，慢慢看見河岸兩旁出現石磚房屋，還有幾艘在岸邊停留的船屋，再碰到熱心的居民帶領我們回到鎮的中央位置，才順利開始 Edam 的行程。我們都是邊走邊看邊八卦，反正來到這個埃德姆芝士的產地，能夠在離開前品嚐到這傳說中的芝士就心滿意足。埃德姆芝士由脫脂牛奶製成，因此芝士的脂肪含量比一般芝士較低，入口會感覺淡一點，韓國男生們覺得太清淡不好吃，而我卻覺得味道很香，看個人口味而定。

省錢小撇步
比起每次購買單程車票，不妨選擇可以在一天多次使用的一日車券，只要事先規劃想去的地點，再利用車券來回各個城鎮，大約坐三回左右就已經抵回車費，出發前先到旅遊中心查詢，可以得到更多最新車券資訊。

Volendam 的商業味較重，
各式的紀念品店林立。

買了兩件芝士後，就啟程前往海邊小鎮 Volendam。這裡是一個非常
有名的漁港，也是許多遊客必到的景點，大街小巷和 Edam 的那種
鄉村風味完全不同，擠滿來吃喝玩樂的遊人，處處可見售賣紀念品的
小商店，商業味道比較強。大街面向湖泊 Markermeer，數之不盡的
旅館和餐廳，還有靠在避風港的漁船拼湊出一幅熱鬧的畫面，再加上
路邊的小吃攤整個氣氛比起阿姆斯特丹市中心更繁華。在這段日子，
一直都很少瘋狂拍照、買紀念品，不知道是受到環境影響，或是剛好
和這兩位男生玩得來，我們一行三人就像認識很久般到處拍照留念，
看到有吃的就衝過去買來分享，有好笑的東西也會叫對方一起來笑，
我猜當時旁人應該會覺得這三個遊客是從未去過旅行的瘋子。

最後一站的 Marken，從 Volendam 直接乘巴士過去，可惜剛到達沒
多久就開始下大雨，大到沒辦法繼續走，我們找了一間咖啡廳躲起來
吃個下午茶，也聊了很久香港和韓國文化，看著窗外的雨依然不停地
打在窗戶，為了不要錯過尾班車就只好結帳離開，在 Marken 留下一
點小小的遺憾，等之後有機會再回來。

旅途中總有機會認識來自不同地方的朋友，雖然未必每一位都能在回
國後一直保持聯絡，但這些生命中的過客卻默默地擔任了一個重要位
置，見證著彼此之間的成長、經歷，有時候打開旅行相冊看見對方的
面孔，我相信不論多少年過去，心中那份獨一無二的回憶永遠都在。

DAY43 行程：
阿姆斯特丹

- Edam
- Volendam
- Marken

DAY 44　金錢買不來的旅途得著

阿姆斯特丹是一個讓人覺得非常舒適的地方，到處都是運河和樹木，空氣中瀰漫著一股休閒的氣氛，明明市中心是車水馬龍的繁華街道，但只要往外圈再多走幾個路口，小小的純樸鄉村景觀就會映入眼簾。

> 喜歡一個人旅行，除了愛上那份自由自在、不受任何束縛的感覺外，大概旅程中得到的『寧靜』也是其中一個重要原因。

市內的運河呈現馬蹄形的方式規劃，從地圖上看起來就是一個個半圓包圍著最中心的部分，類似小時候玩過的「天下太平」遊戲，建立一道一道圍牆來保護城堡。當漫步在這個迷人的城市時，運河就一直在眼前出現，當地人也喜歡在沿岸的小酒吧和朋友聚會，運河彷彿是整個城市的主幹，生命都依偎著它而存在。

在阿姆斯特丹的最後一天，沒有特意安排任何景點、活動，也沒有跟屋主一家出門，只希望能在離開這個城市前，自己一個人安靜地沿著運河到處逛逛。喜歡一個人旅行，除了愛上那份自由自在、不受任何束縛的感覺外，大概旅程中得到的「寧靜」也是其中一個重要原因。

有人覺得獨自出遊缺少一位可以在身邊聊天的伙伴，即使在路上看到有趣的東西，也沒辦法立即和其他人分享，就算再好玩的地方都只會變得枯燥乏味。不過換另一個角度來思考，獨遊時沒有熟悉的朋友在身邊，反而能讓自己更專注眼前的事物，無論是街角的那大樹，或是公園裡的一朵雛菊，都能讓人別有一番體會。

沿岸的餐廳及酒吧感覺舒適。

這幾年大部分時間都在國外旅行渡過，當中幾乎所有旅程都是一人到處走。剛開始的時候確實有點寂寞，特別是坐車、吃飯的時間，總會覺得別人用怪異的眼光來看自己，不過在一次又一次的獨遊中，我漸漸學會了享受放空的時光，亦慢慢在獨處的時候了解真正的自己，才不至於浪費孤獨帶來的反思機會。

由於手中的錢不多，每次旅行都限制自己用少一點的旅費去更多地方，雖然旅途中沒有像別人般瘋狂吃喝玩樂，買一大堆東西回家，但至少每段旅程結束後，心靈上還是有許多不能用金錢買到的得著。這幾年感覺個性愈來愈獨立，而且思考方式也和從前有所不同，可能不是因為年紀日長變得成熟，而是旅行給予自己的改變。

DAY44 行程：
阿姆斯特丹

• Canal Walk

Markthal 是 2015 年全球最佳旅遊景點之一。

DAY 45　在菜市場的窩心記憶

愈是長時間的旅行，對於行程的規劃愈是隨心，甚至開始有點亂來的感覺。這次歐洲之行，出發前一陣子是雄心壯志，有時間就窩在電腦前不停找資訊，到後期就變成到埗後再慢慢計劃，因此整個旅途只有在英國的前段時間有認真安排，現在跨過 English Channel 後，基本上除了跨國交通和住宿有規劃過，其他市內景點、路線都是即興。

來到鹿特丹，除了知道自己要去 Kinderdijk 看風車之外，完全沒有規劃過任何景點，所以第一時間向旅舍職員八卦一下遊客中心的位置，吃完早餐就直接過去。

省錢小撇步

有時候在遊客中心會找到不同的遊客優惠，例如景點門票折扣、餐廳用餐現金券、交通券特惠組合等，如果到遊客中心話不妨找找看，省下的小錢說不定可以多買一份紀念品。

鹿特丹是一個充滿特色建築的地方，甚至被稱為「國際建築大城」，例如遊客中心職員推薦的馬蹄形市集廣場 Markthal，便是近年最受國際歡迎的設計。從 Lijnbaan 出發，經過不同的購物中心、咖啡廳、商店、教堂，眼前突然出現一大個和周邊環境格格不入的銀色建築，而這棟看起來相當怪異的地方就是 Markthal。

琳瑯滿目的食品
讓人眼花撩亂。

立體的馬蹄形市場比想像中高大，猶如用多啦 A 夢的法寶將馬蹄變
大，兩側各自以一片巨大的玻璃作大門，收集自然光予市場內部。抬
頭一看，兩邊的牆壁畫滿不同的食材，就像自己突然變成藏身蔬果世
界的小矮人，身邊全是極大的蔬果。

雖然這裡是一個高級菜市場，但人情味卻依然濃厚，有的攤位老闆會
熱情地邀請試食，也有的會拿著食材叫客人摸一下，明明知道我只是
遊客進來參觀，不一定會像當地人光顧，可是他們依然用心招待，這
種感覺令人非常窩心。記得兒時常常跟家人去菜市場，老闆總是會有
源源不絕的話題和客人分享，特別是水果店的老闆，每次都會聊個不
停，還會偷偷送我幾顆水果，直到現在長大後去買水果，也是會和老
闆像以前一樣閒話家常。

雖然時間過去，但那份鄰里感情卻一直都在，這次在鹿特丹市場的體
驗，應該也是類似的感覺。

DAY45 行程：
鹿特丹

- Lijnbaan
- Beursplein
- Grotekerkplein
- Markthal
- Kubuswoningen
- Maritiem Museum

DAY 46　想像與現實的河岸風車

又是一個天公不作美的日子，每次有特別期待的行程時，早上起床一
看天氣就是一團糟，昏暗的天氣實在是非常討厭，可又沒辦法不出發。
好吧，反正明天也不見得會晴天，照樣乘車出發去看 Kinderdijk 了。

目前絕大部分的熱門旅遊城市都具備完整交通網絡規劃，若是只打算在市中心閒逛的話，地鐵、輕軌等交通，甚至步行就能到達主要景點。不過要是打算去一些鐵路到不了的地方，自己不會開車而且沒有預算包車，那就只好選擇巴士。有的人很怕乘搭巴士，因為不是每一處的巴士都有到站顯示系統，看著外面的陌生景觀根本沒辦法知道自己的位置。

以多次在語言不通國家乘巴士的經驗，如果旅途中有需要乘巴士的情況，可以事先將目的地和車號寫在紙上，而且最好將名字翻譯成當地語言，上車後拜託司機到站的時候提醒自己，同時自己也應該多注意窗外有沒有任何地標可以辨識位置，差不多到預定下車時間的時候再向司機詢問，大部分人都會樂意幫忙。

Kinderdijk 風車系統在 1740 年建成，目前共有 19 座大型風車，不但是荷蘭境內最具規模的風車系統，還是世界文化遺產之一，幾乎每一位來荷蘭旅行的遊客，必定會特意花上一天前往位於郊區的 Kinderdijk 看風車。

大概是因為到埗的時間尚早，下車後不太看到遊客，只覺得冷風一直迎面而來，整個氣氛有點冷清，但對於打算安靜地逛逛、拍照的人來說，這樣的環境倒是不錯。不過大概一個小時後，觀光客巴士陸續來到，寧靜的河岸突然熱鬧起來。如果不想照片中的風車景觀堆滿遊客，建議盡量選擇平日和早點出門，避開吵鬧的旅行團。

Kinderdijk 的風車景色與
想像中的畫面有點距離。

出發前，對於荷蘭的印象只有河邊的風車，所以一直以來都非常期待
Kinderdijk 的行程，畢竟這是被大家稱為「荷蘭必看景點」，想必會
有令人驚嘆的景觀，就連家人知道我到荷蘭後，也一直追問了好幾天
「看到風車嗎？」。

帶著滿心期盼出發，但是當真正走進 Kinderdijk 時，卻發現眼前的
景色不如想像中壯觀，沒有那種讓人忍不住「嘩！」的魅力。河岸兩
側長滿差不多有成年人般高的植物，七月多的時候是淡黃色，配搭零
散地分佈在對岸的風車，於我而言的確不能說是很驚艷的地方，甚至
有點失望。或許是天氣不好，看到的景色一般，拍出來的照片也很灰
沉，希望有機會再來的時候會是大晴天，那可能才是一直想像中的荷
蘭風車風景。

DAY46 行程：
鹿特丹

- Kinderdijk

DAY 47　與風同行的半日散策

香港高樓大廈集中,不論四季也呈現悶熱的感覺,特別是夏天在旺區走動,沒有走進冷氣商場的話應該很快中暑。不過來到歐洲後,我發現即使夏天的氣溫和香港差不多,但是走在街上卻沒有半點侷促的不適感,熱是頗熱,不過吹來的風倒是很涼爽,不至於離開家門就像蒸桑拿般辛苦,只要適時找有遮蔽的空間休息,夏天也能過得很舒服。

在鹿特丹的最後一天,打算從民宿散步到市中心外圍的城鎮,既可以省下車錢,也可以順便運動來消脂,重點是想看看外國新市鎮的城市規劃,反正預計只需一個多小時就走完,聽起來應該是很不錯的半日行程。

穿越 Het Park 後,沿著大馬路一直往前走,周邊就是一般新發展區域的模樣,一條被工程圍板封住兩邊河岸的河流分隔市中心和新市鎮兩區,大量的工程正在進行中,看起來是準備鋪設道路、建築房屋,大概再過幾年過來同一位置,景觀就會變得完全不一樣。

新市鎮的房屋密度比一般在歐洲看到的小鎮更高,三層高的紅磚房子一棟緊貼另一棟,幸好路邊有很多大樹和牆壁上有綠化盆栽,因此環境看起來仍然很優美,沒有半點壓迫感,走在路上的感覺十分舒適、休閒,比起市中心的氣氛好像會更自在。不過,市外相對也比較大風,在香港颱風季節才能碰上的烈風,這裡每個路口都能體驗:順風時就

新市鎮的環境幽美,比市中心多了一種閒適感。

像有人在後面推著走,每一步都不費力;逆風時舉步維艱,要花上好幾倍的力去跨出一步。

因為是平日的關係,居民大都外出工作或上學,整個小區顯得有點安靜,只聽到風聲和鳥聲,結果在走到一個非常大風的路口時忽發奇想:如果在烈風中原地跳起,到底會怎樣呢?抱著這個念頭走到一個停泊船隻的避風港,這邊比路口更寬敞,風力也比較強,看來是進行「跳風計劃」的最佳選址。迎著強烈的風速,奮力向上一跳,結果真的被烈風吹到往後移動,著地時更差點失平衡坐在地上,幸虧跳之前都檢查過周邊都沒有人經過,不然真的會丟臉到極點。雖然是差點摔倒,不過還是好想大喊一聲:原來跳起來的時候真的會被風吹歪啊!

也許是新市鎮的風特別強,才不過短短半天就將頭髮吹到一團糟,更不要說想拍一張看起來是正常的個人照片,畫面大約就是平時電視新聞看見颱風天到戶外報新聞的主播,一邊要注意儀容,一邊要看路,反正看起來狼狽到不行,可能要住上好幾年才可以對烈風應付自如。

在被高樓包圍的大城市生活久了,習慣以冷氣來享受清涼,有時候差

這兒就是「跳風計劃」的執行地點。

DAY47 行程：
鹿特丹

- Het Park
- Euromast
- Delfshaven

點連自己都快要忘記出門就有涼風的感覺，或許這就是經濟發展的代價吧？不過要是在「坐在室內吹冷氣」和「被烈風吹到頭髮亂」之間二選一的話，我想自己還是比較喜歡有自然風的感覺，就算是被風吹到像瘋子，也總比在悶熱的「城市森林」中生活來得更快樂。

CHAPTER 08

漫遊於比利時周邊小鎮

DAY 48　比利時窩夫的幸福滋味

一個人帶上大背包在異地傻傻地亂晃，由當初遇到小事也慌得要死，到現在輕易地面對難題，真沒料到轉眼已經來到歐洲之旅的第四個國家。

比利時車站位於市中心，下車後周邊的感覺很像商業區、金融中心，兩邊都是玻璃外牆的大樓，路上的人也穿著整齊，氣氛有點嚴肅和冷漠，與整車遊客的渡假氛圍相映成趣。不過繞過這幾棟冷冰冰的高樓後，熟悉的歐式風格建築又再次出現在眼前，對於差點以為整個城市都是大樓的我來說，總算鬆一口氣。

由於是假期的關係，市中心的道路規劃和平時有點不同，原本供車輛行走的大馬路，變成行人專用區，除了有不同的街頭表演外，還有商店派出的店員在路上招攬客人，連年輕人和小孩也成群結隊在大街上玩樂，不算擠擁卻熱鬧非常。

突然覺得可以住在一個廣闊的城市真好，至少不用每次放假都擠到像罐頭沙甸魚般逛街，也不用打開窗戶就看到鄰居在煮飯，連呼吸的空氣都好像會清新一點。

當天還參觀了哥德式的主教座堂 St Micheal and St Gudula Cathedral。

而另一邊的馬路就被變作遊樂場用地，「叮叮咚咚」的旋轉木馬音樂響起、跳樓機傳出此起彼落的尖叫聲、遊戲區有人中獎的歡笑聲，彷彿為整個平凡的城市加添活力，令周邊的氣氛都開心起來。正當以為有甚麼好玩的東西想再靠近看之際，卻發現這個臨時遊樂園的設施殘舊，機器的銹跡和運轉的聲音可怕到以為自己是在看鬼片。本來打算回民宿把行李放下後，要過來破費玩一次過山車和咖啡轉轉杯，不過現在念頭完全被打消，看來還是在旁邊欣賞一下就算，免得倒楣地遇上機器故障。

我想是因為剛下車沒多久就走進行人專用道路和遊樂場，對於布魯塞爾的初印象是很熱鬧、很歡樂的城市，捨棄車站那邊的商業中心不說，到處好像洋溢著一種愉快的氛圍，到底是空氣中瀰漫著巧克力的「苯乙胺」，還是這裡的人本來就比較輕鬆呢？後來買了一份巧克力窩夫，一口咬下同時吃到比利時兩大著名美食，綿密又香脆的窩夫和甜美的巧克力醬，讓人忍不住嘴角上揚，散發出幸福的感覺，我想應該知道原因了。

街上擠滿來自世界各地的人，而大部分遊客手上都拿著一份新鮮製作的比利時窩夫，想起之前在英國遇見的那位旅人說過，「將不同的人連在一起不是網絡，而是美食」，看來又一次證實這個不敗定律，這和那句「要抓住一個人的心，就先抓住他的胃」是差不多的意思吧？不管怎樣，對於愛吃甜點的旅人，只要來到比利時，絕對可以每天擁有愉快的心情。

圓拱形的天花鑲了彩繪玻璃畫像。

DAY48 行程：
布魯塞爾

- Eglise St Catherine
- St Micheal and St Gudula Cathedral
- Les Galeries Royales Saint-Hubert
- Jeanneke Pis
- Grandplace
- Manneken Pis

一天吃掉兩件窩夫，不只是開心滿滿，看來再多住幾天脂肪也開始滿滿了。

DAY 49　一份早餐換來的友誼

因為昨天看到的那個臨時遊樂場就在住宿地點隔壁，今天一大早就被瘋狂的尖叫聲和音樂聲吵醒，到底甚麼人會喜歡早上玩過山車呢？不過算了，早點出門也不錯。

一手拿著窩夫，一手拿著相機，市中心還是一樣擠滿遊客，難得找到一個地方可以坐下來好好享用窩夫，卻突然有一個大背包往我甩過來，遲鈍的我一個反應不及，居然整個一口也未咬的藍莓窩夫狠狠地被直接撞飛到路邊，心裡在零點一秒之間罵了一大堆髒話，這可是掙扎很久才決定付錢加配藍莓的窩夫啊！大概是我的眼神看起來像是世界末日般絕望，害對方也覺得非常不好意思，一直道歉，最後只好看在對方也是一個人旅行的份上，忍住早餐被撞飛的難過心情，笑著說「沒關係，我再買新的就好」。

Donzel 是來自意大利的旅人，已經在歐洲各地旅行差不多半年，走過的大城小鎮多到數不完，而我們碰面時正好是他準備結束旅程的最後一天，所以才會背著行李在廣場出現，等待天黑就往機場搭乘飛機

Eglise Notre Dame la Chapelle
小堂教堂外的耶穌像。

回家，不過與其要在廣場呆等半天，倒不如結伴在市中心一起逛。不知道哪來的勇氣，我居然大膽地開口邀請認識還不到 10 分鐘的陌生人加入我那亂七八糟的行程，就在我緊張會不會被拒絕時，他居然說「Why not?」。雖然我們的認識始於一場「窩夫災難」，但後續的故事卻遠比想像中有趣，甚至因此成為朋友。

我的行程看起來好像有目的地，但實際上卻是看到喜歡的東西就停下來，因此剛開始時覺得有點不好意思，感覺像是他莫名其妙地被我帶著走。不過，後來大家慢慢找到共同話題，發現旅行模式差不多，氣氛就變得愈來愈輕鬆，還聊了許多有關在外旅行的想法。

和國外的朋友聊天時，不難發現有些一直自己認為是正常不過的事情，在對方眼裡卻變成與眾不同的亞洲文化。國外年輕人一到成年搬離家是普遍的現象，除非是碰上特別的節日或重要聚會，不然也較少與家人特意相聚。還有，跨國生活也是他們會樂意去嘗試的事，像是這次在旅途中也遇到幾位從畢業之後便一直遊走於不同國家，直到碰上自己喜歡的城市和生活方式才安定下來的年輕朋友。於他們而言，「舒適圈」不是阻擋前進的絆腳石，而是尋找夢想的目標。

試著從原有的生活圈子跳到框架以外的地方，絕對會是改變生活態度的重要一步。

163

藝術山是布魯塞爾中心的歷史名勝。

在亞洲，一般父母都會把孩子捧在手掌心，就算已經成年、成家，依舊會被當成小孩來照顧，在這種以保護為前提的文化下，能在成長過程中培養成獨立個性並不容易。再者，香港房價高得嚇人，想搬出去學獨立的話，那就先得找到一筆買房子或租房子的錢，相信也是非常困難的事。

不過凡事沒有絕對，既然目前現實條件不允許我們像國外年輕人般獨立生活，那跳出「舒適圈」應該簡單得多了吧？在同一個空間待太久，總會讓人日漸懶怠，對外面的世界產生莫名的恐懼，甚至喪失前進的動力。試著從原有的生活圈子跳到框架以外的地方，絕對會是改變生活態度的重要一步。

DAY 50　在奧斯坦德吃平價海鮮

接下來幾天的比利時行程都以郊區小鎮為主，每天大約搭火車一至兩個小時到距離市中心遠一點的地方，感受布魯塞爾以外的比利時風

光，體驗小村莊的純樸氣息。由於之前在其他地方一直是乘搭新式火車，車廂內設有寬敞的座椅和涼爽的冷氣，所以我對於歐洲火車的印象很好。沒料到在比利時的第一次火車體驗，就差點把我嚇到不敢再乘火車。

一早來到火車站，把事先買好的十次優惠車票拿出來，到月台時卻發現只有一邊月台有一輛古舊的火車停靠，雖說車門是打開的，但車上卻空無一人，加上那殘舊程度看起來不像會載客，讓我不敢貿然上車，時間又快到預定的開車時刻，頓時有點不知所措，甚至想過是不是該回去閘口的旅遊中心問清楚。當我還在猶豫的時候，車長剛好走過來問「Brugge?」，我連忙點頭後就被他叫上車，原來火車在我猶豫的時候，已經到該出發的時間，幸好熱心的車長過來問一下，不然就可能要乘下一班火車了。火車非常古舊，是那種讓人覺得它應該在博物館而不是車站的型號，外型看起來是舊舊的鐵皮，基本上車廂就只有硬板椅子、金屬遮陽簾，就連冷氣、風扇也欠奉，如果想有自然風吹進車廂，就只能打開一點點氣窗，不過作用不大，外面的風根本就進不來。

剛開始的幾分鐘，我很興奮地到處拍照，每個小細節都覺得很特別，覺得這麼古老的火車都被我坐到，實在是太幸運了！不過隨著上車的人愈來愈多，車廂就變得愈來愈悶熱，空氣完全沒辦法流通，不只坐我對面的胖男生一直流汗，連我這種平時極少流汗的人也汗如雨下，感覺就是很多人被關在同一間桑拿房。到最後下車的時候，我身上的

DAY49 行程：
布魯塞爾

- Eglise Notre Dame la Chapelle
- Infantry Memorial
- Palais de Justice
- Eglise Notre Dame du Sablon
- Mont des Arts
- Palais Royal
- Parc du Bruxelles

省錢小撇步

買巧克力前建議先去不同的店多試幾種口味，他們的做法和配方都有點不同，不要認為比利時的巧克力一定會適合自己，不然用了一大堆錢卻買到不喜歡的巧克力，旅費就用得太冤枉了。

奥斯坦德是沿海
城市，海產新鮮。

衣服都濕透，連紙巾都成了濕紙巾，那一刻才覺得車外的自由空氣是
多美好啊！

經過一個多小時的車程，終於從繁華的布魯塞爾來到恬靜的布魯日，
走進那些不知道還有沒有人居住的小村莊，一間間以紅磚建成的矮房
子並列在道路兩旁，車路只偶爾看見單車或老汽車，就連居民的穿著
也是非常樸素，整個村莊的時空彷彿仍然停留在數十年前，沒有因為
時間的洪流而有所改變。不過，每個小城鎮依然會有一個聚集中心，
就是它的中央廣場。

走到靠近廣場的位置，四周開始看見不同的商店，説的並非當地人
流傳下來的家族小店，而是在布魯塞爾也能找到的連鎖商店，自然
是少不了 Godiva、Neuhaus、Leonidas……周邊還有一大堆餐廳
和紀念品店，果然是做遊客生意的地方，感覺上還是廣場以外的布
魯日比較有特色。

紅磚建築是布魯日的特色。

和布魯日對比，奧斯坦德又是一個截然不同的城鎮，那是一個海邊城
市，才剛離開火車站就已經看到海旁馬路有許多小吃攤，全部都是以

新鮮的海產美食作招徠，像是原隻龍蝦熬製的濃湯、比手掌更大的墨魚圈，海鮮比蔬菜還多的沙拉，而且價格比市中心便宜很多，€4就能買到一盤一人分量的海鮮拼盤。離開奧斯坦德前特意去買一盤海鮮，打算拿回去民宿當晚餐配意大利麵，結果卻在等火車時不小心邊等邊吃光，看來晚餐就剩下意大利麵和青菜了。

DAY50 行程：
布魯日 / 奧斯坦德

Brugge
- St. John Hospital
- Onze Lieve Vrouwekerk
- Sint Salvatorskathedraal
- Markt
- Belfort
- Gotische Zaal Stadhuis
- Vismarkt
- GentBrugge Canal

Oostende
- Visserskaal
- Albert I Promenade
- Japanese Tuin
- Adolf Buylstraat
- Sint Petrus en Pauluskerk

DAY 51　免費參加當地旅行團

年輕人出門旅行，通常選擇自由度較高的自助旅行，不過對於年紀較大者而言，多數都會想要別人已經安排妥當的路線，到達後不用顧慮太多事情，只管吃喝玩樂看風景就行。

在歐洲這段時間去過不少城市，街上除了像我這樣的自助旅人外，旅行團數目也不少，不要以為他們都是來自歐洲以外的旅客，其實當中有許多旅行團都是從周邊國家或城市來旅行。這群中年旅人看起來都非常醒目，說不定心境比我這個二十多歲的女生還要年輕。

到達安特衛普後，因為不想馬上開始行程，所以買了一杯咖啡在火車站外一邊發呆一邊喝，突然旁邊也是一個人在喝咖啡的男生向我搭訕，說他是當地導遊，可以帶我在市中心到處玩。警覺性極高的我立即啟動防備狀態，一直說「No, it's fine.」，甚至開始想要離開，不

安特衛普的街頭音樂家。

過他依然堅持拿出導遊證件給我看，還説他的團員已經快到，我可以加入他們一起玩。

過沒多久，真的陸陸續續有人來向他報到，而且幾乎都是來自不同國家的旅人，看來的確是誤會這位好心的導遊先生，立即不好意思地為剛才的無禮言語道歉。

跟著這一團來自五湖四海的中年旅人，我們穿梭於安特衛普的大街小巷之間，有去一些所謂的「遊客必到景點」，也有去一些導遊私藏的地方，就連無人的公園草地、傳統房屋都一一走遍，與其説是旅行團參觀，我更覺得是一位在地朋友在向其他人介紹自己的家，要不是真心熱愛這個地方，大概不可能讓別人有賓至如歸的感覺。

要如何去尊重一些從未接觸的文化、如何在不破壞的狀況下參觀、如何為一地保持原貌予下一位遊客，我想這些都是需要花時間去用心學習的旅人智慧。

一般認知的旅行團，導遊會拿著擴音器，一邊走動一邊介紹景點資訊，是相對擾民的模式，不過這次在安特衛普的徒步旅行團卻有點不一樣。每個團員身上都有一部無線通訊設備，導遊會在隊伍的前方以正常音量進行講解，團員們就利用手上的設備在後方用耳機聆聽，一路走來大家基本上就只有平常的聊天聲，沒有對附近的民居造成太大影響。

意外加入了當地旅行圈一日遊。

到其他國家旅行，就像走進別人的家，要如何去尊重一些從未接觸的文化、如何在不破壞的狀況下參觀、如何為一地保持原貌予下一位遊客，我想這些都是需要花時間去用心學習的旅人智慧。

DAY51 行程：
安特衛普 / 根特

Antwerpen
- Meir
- Sint Antoniuskerk
- Groenplaats
- Onze Lieve Vrouwe Kathedraal
- Staduis
- Het Steen

Gent
- Saint Nicholas Church
- Belfort
- Groentenmarkt
- Gravensteen
- Leie River
- Saint Michaels Church

DAY 52　忘記賺錢的周日市集

對一般人來說，星期日就是放假的日子，街上總是擠滿人，因此我在規劃行程時就特意將看起來比較像無人小鎮的魯汶排到星期日才去，避免一人在大街閒逛而顯得尷尬。沒想到左算右算，當我抵達時眼前的空虛感還是嚇我一跳！

之前從網上照片看來，魯汶火車站前一帶商店林立、人來人往，不同的餐廳和酒吧都聚在一起，可是當我置身其中看到的是有如死城的行人專用區，不僅店鋪沒有開門營業，就連路人也是寥寥可數，怎麼這裡的星期日與想像中有如此大的落差，該不會是下錯車、走錯地方吧？之後我走到店鋪門外看看營業時間，幾乎每間店都是星期日休息。我還專程挑星期日才來，豈不是蠢到極點？帶著懊惱隨意在市內逛一圈，不然就連車票也浪費了。

幸好，神奇的事就在離開商店區後出現。當我走到市政府附近時，開始聽到吵雜的聲音在廣場那邊傳出來，偶爾還伴著陣陣烤肉、薯條的

車站外水靜鵝飛。

近市政府的周末市集卻熱鬧非常。

DAY52 行程：
列日 / 魯汶

Liege
- Eglise St Jacques
- Eglise St Christope
- Collegiale St Jean
- Cathedrale St Paul

Leuven
- Diestsestraat
- St Pieters Church
- Stadhuis
- Grote Market
- St Donatustoren
- St Michielskerk

香味飄過來，才驚覺原來這就是傳說中的周日市集！

廣場和大街的熟食攤綿延不斷，從廣場延伸到路的另一邊，就連周邊的幾條小巷都放滿桌椅，更不用說公園早就擠滿人。在這狂熱的市集氣氛之下，每個人手上也拿著一杯大啤酒、一盤豐盛的烤肉在路邊大快朵頤，有人也會拿著美食到旁邊的草地野餐，非常開心。

外國人喝啤酒就像喝水一樣，明明已經喝到滿臉通紅，但還是有辦法走直線再去買一杯，大塊肉一口接一口。明明我也不是那種溫柔型的文靜女生，但看到他們大吃大喝的豪邁的作風，又再一次被震懾。

其實不單是魯汶，列日的狀況也很類似，同樣是沒有開門的商店，同樣是擠滿人的市集，可能這就是普遍比利時小鎮的星期日畫面吧？我在想「難怪商店都不營業，有這麼好玩的周日市集，當然人人想去參與啦」。除了金錢、權力以外，人生還有很多事情值得探索、追求，例如快樂。

當天天朗氣清，迪南的景致更顯迷人。

DAY 53　無法取代的純樸小鎮

很多人到歐洲旅行，都會因為時間不足或找不到資料而選擇留在大城市，就算真的能抽一天到遠一點的地方走走，多數人都會選交通相對方便而且有景點可看的小鎮。不過這次的比利時行程，我大部分日子並非留在布魯塞爾，而是安排多幾天去周邊的大小城鎮。

每次到達相對偏遠的地方，也只能依賴手上的離線地圖和到埗後的遊客中心資料，大約找到中心的位置便開始沿路散步。偶爾會走到渺無人煙的運河步道，久不久也會發現擠滿人的市集，甚至碰到説不出名字的漂亮教堂，聽起來就像一場沒有目的地的冒險，隨心去探索從沒見過的地方，每分每秒都是驚喜。

當初不知道在比利時最後一天該去哪裡，就拿著地圖亂點，看到那慕爾和迪南覺得名字好聽，便臨時加入行程，反正火車能到的地方就不用擔心太多。遊走於這兩個南部城鎮，剛好遇上難得的極佳天氣，蔚藍的天空飄著幾朵白雲，即使只是拿起相機隨意拍，感覺也像夢幻場景一樣，是那種會令人忍不住讚嘆「真的是歐洲小鎮」的效果。

以前覺得去「非熱門」旅遊小鎮很危險，不僅沒有遊客，就連當地人也不太見到，要是迷路或發生意外怎麼辦呢？其實正正是因為遠離主要城市的小鎮沒有被外間的凡塵俗事污染，它們才能長久地保持著那份最原始的純樸、傳統，最能體驗當地風土人情的地方不就是旅行時

那慕爾有許多像積木般美麗的建築。

最該探索的地方嗎？小鎮裡聽不到遊客的吵鬧聲，也看不到人山人海的商店街，取而代之是寧靜自然的鄉村氣息，就連空氣亦似乎與別不同。對於一些習慣去旅行購物、觀光的人來說，會覺得這種毫無人氣的小城鎮很無聊，可是別忘了，旅行重要的是自己心靈有所得著，用心去感受異地情懷，了解不同地方的文化，這不是比實際上得到任何東西來得更有意義嗎？

不知道自己的目的地會是哪裡，也沒有特意在離開火車站時查看回程火車班次，只希望能利用在比利時的最後一日，好好感受那種小鎮獨有的寧靜氣氛，在巷弄中隨意穿梭，累了就坐下來喝杯咖啡，無聊了就和當地人聊天，一切來得自然、實在，沒有半點現實生活的壓力和不安。

如果可以的話，真希望能將那份平靜的感覺帶回家。

DAY53 行程：
那慕爾 / 迪南

Namur
- Eglise St Joseph
- Eglise St Loup
- Cathedrale St Aubain
- La Sambre
- Citadelle
- Palais Des Congres
- Le Beffrol
- Theatre Royal

Dinant
- Collegiale NotreDame
- Citadelle
- La Meuse
- Rue Adolphe Sax

盧森堡
Luxembourg

CHAPTER 09

讓人慢下來的盧森堡

新舊交錯的有趣景致。

DAY 54　高山的市中心與低谷的旅舍

從比利時乘坐火車前往盧森堡，不知道為甚麼一直睡不著，只好無聊地一邊聽歌，一邊看著窗外從高樓大廈變成一片綠地，再從綠地變回現代化房屋，原來也要花上差不多四個小時才能到達目的地。

這個被夾在德國、法國和比利時之間的國家，從地圖上看起來小得可憐，甚至在規劃行程時有想過到底值不值得專程花幾天在這邊玩。後來多看了一點資料，也向曾經去過旅行的朋友八卦，結果感覺還算不錯，所以最後還是決定將盧森堡排在行程之中。當然，到埗以後也慢慢發現不僅是別人說「不錯」，而是自己都覺得盧森堡的確很不錯。

旅舍位於 Casemates du Bock 旁邊的山谷，想要抵達旅舍必須先下山，想回去市中心也要上山，不論是走上坡或下坡確實會有點吃力。為了省卻氣力，決定下車後直接背著行囊出發。

離開火車站，外面是一個商業區，街道兩旁是連鎖商店，和想像中的歐式風情不太一樣，但是跨越高架橋後會來到一個截然不同地方，

> 學著放下不要緊的人和事，也許會讓人真正地得到更多。

格仔餅在盧森堡也能找得到。

省錢小撇步
大部分旅舍和民宿都有提供免費沐浴露和洗髮水,所以不用特意帶備。即使真的用不習慣,也可以到埗後在超級市場購買,會比在香港帶過去便宜和方便。

這邊保留了古舊的建築風格,一樣是有許多商店在營業,但整體環境卻比火車站外寧靜得多,我想是因為車輛不能進入的緣故吧?

帶上大背包逛街並不會很辛苦,因為這次帶來歐洲的行李不多,特別是衣物。除著出門旅行的次數愈來愈多,幾乎都是抱著「能穿就好」的心態來收拾行李。

**DAY54 行程:
盧森堡**

- Casemates du Bock
- Place D' Armes
- Monument of
  Remembrance
- Adolphe Bridge

活在物質充裕的城市,總覺得生活中有很多東西都是不可或缺,但靜下來反思現在的生活模式,認知中的所謂「必需品」又是否真是必需,沒有帶 10 套衣服就活不下去?手機要隨時盯著看?我喜歡在長途旅行中思考生活,想想自己到底需要甚麼,不單是物質方面的需求,更重要的是心靈層面。有時候通過與自己的對話,可以發現許多牽絆在身邊的東西,其實也只是「想要」,而非真正的「需要」。學著放下不要緊的人和事,也許會讓人真正地得到更多。

DAY 55 來一場清新的「芬多精浴」

一個人旅行不無聊，特別是住在青年旅舍的多人房，就算自己不敢和別人說話，還是會有熱心的旅人主動講個不停，而像我這種「吱吱喳喳派旅人」，自然也很容易和新朋友找到數之不盡的有趣話題。不過相對於自己一直嘰哩呱啦說不停，偶爾安靜下來聆聽別人的旅行故事也是不錯的選擇。

一大早起床準備去旅舍後面的 Parc Niedergrünewald 登山，順道繞過去 Fort Obergrünewald 和 Fort Thüngen，沒想到才早上九點多，其他七個床位的女生已經退房，突然覺得整個房間安靜得不太習慣，好像有點失去住在旅舍的意義。

登山步道的起點。

已經熱到快要中暑，卻堅持去看一看的
歷史遺跡 Fort Thüngen。

從旅舍出發，走過那可怕的大斜坡，再穿越一個人煙罕見的住宅區，
很快就到達登山步道的入口。山路外有一個小小的指示牌，標示兩邊
方向的目的地，沿路都是參天大樹，陽光幾乎沒辦法透過樹葉照落在
地面。步道是天然泥地小徑，途中沒有很多人迎面而來，可能是盧森
堡人不喜歡遠足，也可能是夏天並非登山季節，反正我可以在山上享
受清新的「芬多精浴」就心滿意足。

原本預計可以逛一整天才回去旅舍，可是在山上差不多走了一個多
小時後，開始有點疲倦，連手上的水也快要喝完，然而此刻 Fort
Obergrünewald 和 Fort Thüngen 近在眼前，不參觀的話有點説不
過去，最後決定在中午陽光曝曬下參觀兩座城堡。雖然每次走到太陽
底下都覺得自己快要變成烤豬，腳下的磚頭熱到連鞋子也快擋不住，
但最後依然拍攝一下老舊的城牆遺址才帶著滿身汗水離開。

臭汗淋漓的狀態回去旅舍，沒想到這刻房間已經多了一名看起來很友
善的日本女士入住，匆忙地打招呼之後趕快去洗澡，心想：好像有點
沒禮貌，回來要認真再打一次招呼才行。

今年五十多歲的渡邊女士是日本大學教授，由於學校剛好在比利時有
幾天的學術會議要進行，所以她找兩天空檔乘火車到盧森堡旅行，
至於為何會選擇住在青年旅舍而不住酒店，她的答案是「If I choose
hotel, how can I meet you in this dorm?」。

DAY55 行程：
盧森堡

- Parc Niedergrünewald
- Kichberg District
- Fort Obergrünewald
- Fort Thüngen
- Auchan Shopping
  Center
- Parc Réimerwee

渡邊女士聊起她在二十多歲時的第一次歐洲旅行，當時也是像我一個人帶著背包出發，漂洋過海去從未接觸過的國度，所以當她看到我的時候，有一種莫名的親切感，就好像是看到以前的自己。30 年前，電腦都沒普及，根本談不上「計劃旅程」，住宿、景點、交通都只能在到埗後靠自己的努力完成。這種旅行和冒險沒兩樣，在說起這段「可怕歐洲之行」的時候，渡邊女士的臉上一直泛起笑容，即便口中說著旅途有多艱辛，但相信這短短的聊天也勾起她許多歐遊時的美好回憶吧？

感激一直在旅途中遇上來自世界各地的旅人，每次聊天不只帶給新朋友一段故事，也讓自己擁有一個重新回憶往事的機會。雖然我不知道10 年後是否依舊能當一個無所畏懼的背包客，但至少我會記得這段充滿青春回憶的美好時光，我會慶幸自己有過那份不知從何而來的勇氣和衝動，讓生命變得更精彩。

DAY 56　不花錢的紀念品

這幾天的盧森堡有點熱，每天醒來都是陽光普照，走在路上幾乎沒有平時的涼風，加上昨天堅持要將山路和城堡行程一併完成，結果回去之後好像有點中暑，整個人又暈又眠，早早就躺在床上昏睡，沒想到睡到隔天中午才起床卻依然是有點頭痛，看來現在的身體復原速度是

遠遠比不上十幾歲的時候。

原本打算今天和渡邊女士一起去邊境小城埃希特納赫，不過因為身體不適的關係沒有同行，只剩自己一個人在市中心亂逛。

從旅舍散步到火車站的旅客服務中心，準備為明、後天的小鎮之行拿點資料，順便在火車站吃午餐。雖然盧森堡火車站是城內主要的火車站，可是它比起之前在其他國家看過的主要車站小得多，最吸引的是天花上的世界地圖壁畫，感覺是在訴說盧森堡火車站可以通往不同地方，也歡迎世界各地的旅人來臨。

盧森堡火車站天花的畫作。

離開火車站後，帶上小卡片和這幾天在盧森堡收到的宣傳印刷品、紙本旅遊資訊、購物收據等前往位於山谷的公園 Vallée de la Pétrusse。我很喜歡和朋友分享旅途的樂趣，所以有時會在文具店買一些硬紙卡，裁剪成明信片的呎吋後，把在當地收到的東西拼貼上去，寄給家人和朋友，感覺比路邊那些一模一樣的紀念品更有價值。於我而言，禮物真正的心意是對方在旅途中仍記掛著自己，思念千里之外的人，我想這點是再多錢也買不到的情誼。

不過說實話，這次歐遊也有很多東西想要買回家，巴不得可以在每個國家旅程結束之後，就先將東西全部寄回家，然後再到下一個國家買新的東西，可是仔細想過後，發現行李空間並不是最大的問題，帶不回來才讓我最頭痛。英國的炸魚薯條香脆可口、荷蘭的芝士齒頰留

DAY56 行程：
盧森堡

- Gare District
- Vallée de la Pétrusse
- Alzette

香、鬱金香優雅動人、比利時的手工巧克力濃郁無比、現做窩夫香甜鬆軟……偏偏這些讓人一試難忘的東西都只能在當地享受，不可能帶回家享受，或許就是要讓我再去一次歐洲的藉口吧。

DAY 57　與新朋友享受午後的閒適

每次一個人出門旅行，都會有種難以言喻的輕鬆感，想到離開熟悉的環境，身邊的束縛也彷彿一下子被清空，可以重回那個最真實的自己，盡情享受屬於自己的時間。

今天和在旅舍認識的新朋友 Una 一起出發去埃希特納赫，這個小鎮位於盧森堡邊境，鄰近德國，對於這次旅程沒有打算前往德國的我來說，應該就是最靠近德國的機會。小鎮的氣氛比想像中熱鬧，特別是在廣場一帶的餐廳、商店，就算平日也有不少人坐在戶外喝咖啡、和朋友聊天，是令繁忙城市人非常羨慕的午後時光。

埃希特納赫沒有很多景點可以參觀，似乎是一個適合沒有目的地閒逛的地方。除了廣場以外，可以步行前往市外公園 Lac d'Echternac，沿途都是那些以不同石材建築的歐美小屋，每一間都漂亮得像在電視劇場景中搬出來似的。

我們會介意別人的想法，甚至在不知不覺中將自己改變，努力地成為其他人眼中的『好』，可是這種盲目追從，卻令人忘卻本身的優點。

悠閒的午後時光。

我們一邊漫步往 Lac d'Echternac，一邊聊起大家的旅遊故事，也拿起手機翻看以前的照片，沒想到 Una 看見一張在泰國海邊拍的照片竟然驚呼「Amazing」，然後下一秒馬上用雷射般的眼神將我從頭到腳掃一遍：用帽子遮擋亂髮、黑框近視眼鏡、奇怪的背心配外套、貼身褲配球鞋……就在我擔心落差很大嚇壞 Una 的時候，她卻說「不過我比較喜歡現在的你，看起來是最自然的打扮，這才是真正的你」。

以前的我是那種出門一定要化妝、弄頭髮的女生，就算知道再不出門便會遲到，還是堅持要把自己弄好才願意出去。不過，後來慢慢開始了解其實一個人外表並沒有想像中重要。我們會介意別人的想法，甚至在不知不覺中將自己改變，努力地成為其他人眼中的「好」，可是這種盲目追從，卻令人忘卻本身的優點。

我們沒辦法控制別人的想法，那何不先聆聽自己的心，再去考慮其他需要擔心的事情呢？放下一些無謂的束縛，說不定所謂的擔心只是幻想出來的東西，不多走幾步跳出框架，又如何能夠了解真正的世界。

DAY57 行程：
埃希特納赫

- Rue de Gare
- Place du Marche
- Basilique Saint Willibrord
- Lac d'Echternach
- Sauer River

靜止得像一幅風景畫的維安田。

DAY 58　慢活至上主義

歐洲人對於「慢」不只是應用在日常生活，而是連工作都採取相同態度，特別是在首都圈以外的小城鎮，很多人看起來就像享受人生般工作，泰山崩於前而色不變，你急你的，他繼續忙他的。有時候看到路邊的掃地工人慢動作在清理樹葉，偶爾坐在一邊聊天、喝咖啡，這樣的工作態度及效率在亞洲老闆眼中應該是偷懶，不過在歐洲好像正常不過，有種「賺錢不用賣命」的感覺。說到真正被他們「效率」嚇到的部分，應該是經常出入的車站。

我習慣預早訂車票，只要於乘車時間到達月台就能直接上車，既可以避免在現場買不到票的麻煩，也可以享用早鳥折扣優惠，重點是不必在售票處前的超長隊伍排到天荒地老，實在是一舉三得。拿著昨天

在這個小鎮上連貓咪都顯得懶洋洋。

購買的車票到尋找火車出發的月台，好不容易在一大堆一直閃爍的火車資訊版上找到要去的月台，可是準備上月台的時候卻發現電梯和樓梯都被封住，其中一位乘客嘗試跨過圍欄走上去，回來後卻一直説「No」，於是有的人選擇在原地等待，有人走到客務中心找幫忙。

10 分鐘後，終於有車站職員從遠處不慌不忙地走過來，説剛剛是火車資訊版出問題，現在只要走到另一邊就能上車，於是過百位乘客連忙帶上行李穿過大廳前往另一個月台，大家都拉著行李急步走，畫面有點像逃難的感覺。正當所有人都擔心趕不上火車時，車站職員突然用很難懂的英文廣播「Delay. Slowly. Okay. No worry. Hahaha.」。

甚麼？他剛才是在「Hahaha」嗎？好吧，能用樂觀的心情去對待意料之外的事情，可能這是我應該要學會的生活方式吧？

來到維安田，整個小鎮好像被靜止一般，路上遊人不多，就連當地居民也沒多少，直到抵達登山吊車站的時候，才見到幾名遊客也在買票，看來維安田之旅將會是一個安靜的旅程。

能用樂觀的心情去對待意料之外的事情，可能這是我應該要學會的生活方式吧？

不論是從登山吊車向下看，或是從 Chateau de Vianden 往遠方看，整個小鎮到處都是綠意盎然，山嶺上有無數不同品種的大樹，市中心也有許多精緻的盆栽，又紅又綠的植物為小小的歷史古鎮添上活潑的氣息。由城堡下山，可以選擇用走路的方式，一路上有許多石建小房屋，偶爾還有咖啡店和餐廳，悠閒的氣氛很適合漫步，比起坐吊車下

山，又是另一種慢活的步調。

**DAY58 行程：
維安田**

- Our River
- Cable car
- Chateau de Viandenwwww
- Maison Victor Hugo

一整天都在學習以慢一點的步伐體會維田安，比起平日更用心去感受周邊的氛圍。到不同地方旅行就是要學著融入當地的生活，別人慢動作，我們就慢動作，試著在旅途中放下原來的想法、思考方式，接受從未試過新事物，也許會帶來不一樣的體會。

浪漫以外，巴黎的另一個代名詞是扒手天堂。

DAY 59　小心提防三秒扒手

不知不覺已經踏入行程最後 1/3 段，在無風無浪的狀態下來到另一個讓我期待許久的國家——有浪漫之都美譽的巴黎。

説起法國，印象就是那些時尚又前衛的時裝、星光閃閃的影展，還有精緻又高貴的法式甜點。不過朋友特意提醒過，法國有名的不只是連走在路邊都像模特兒的帥哥美女，還有無處不在的小偷，想在歐洲其中一個治安最差的地方全身而退，絕對要無時無刻打起十二分精神。

懷著期待又緊張的心情來到巴黎，戰戰兢兢地跟著人群從月台走向車站大廳，眼前五名荷槍實彈的警察突然在我身旁擦肩而過，手上拿著的是需要背在胸前的那種重型槍枝，重點是他們也帥到好像是在電視中走出來似的，深邃的輪廓和高大的身型，果然法國就是出產型男的天堂，看來這段旅程絕對是「養眼之旅」。不過，花痴模式在五秒內迅速結束，突然在想：如果巴黎的治安沒問題，那找幾個普通的保安人員在車站巡邏就行，可是現在有五名軍裝警員，而且都帶著重型槍枝……天啊，我居然到現在才意識到危機所在。

會不會這也是轉移觀光客視線的小偷共犯之一呢？

由於根本沒開始真正接觸巴黎，所以一直都不敢說「巴黎真的很危險」之類的意見，也不想這麼快就被刻板印象影響自己對巴黎的感覺，但經過 Montmartre 親眼目睹有人被偷東西的一幕，就讓我不得不提高警覺。

在 Basilique du Sacre Coeur 參觀結束的時候，從教堂前方的樓梯慢慢走回大街，中途會經過一條擠滿遊客的狹窄商店街，兩旁的商店售賣紀念品、小吃，而路中央則有人在擺攤玩賭博遊戲。攤販利用三個杯子作掩飾，把球藏到其中一個杯子中，然後調動杯子的位置，猜中球在哪裡就可以贏錢，在一旁圍觀的人很多，下注的人也不少，但感覺遊戲其中有很多小把戲，有時候明明看到球是在某個位置，可是打開杯子來看就沒有了。因為在網絡上看過這種賭局是騙案手法的一種，所以稍為看一會兒後就準備離開，沒想到此時看見眼前有位黑人正伸手到另一位女生的手袋中拿手機，而且馬上默默走開，整個過程不足三秒，嚇得我馬上抱緊自己的背包，離開現場。

對於一個獨遊女生來說，自我保護的意識很重要，隨時隨地有一點危機感，才能在遇上不懷好意的人時立即想辦法應對，而不是傻傻的被人當羊牯。接下來的日子會在法國和西班牙渡過，這兩個地方都是著名的「罪惡之城」，雖然無法預料在往後的旅途會遇到甚麼人，但依然希望最後的二十多天的行程可以順利完成。

DAY59 行程：
維安田

- Basilique du Sacre Coeur
- Eglise St Pierre
- Montmartre

藍天白雲襯托下美得像幀明信片。

DAY 60　無價之景——巴黎鐵塔

這次到巴黎，地標毫無疑問是那座從小就聽過的 Eiffel Tower。聽民宿屋主說，一百二十多年前要建築鐵塔的時候，很多當地人都認為這座冷冰冰的鐵塔不好看，沒料到多年後居然變成地標之一，而且每年吸引不少遊客慕名而來，間接提升國家的經濟收入，甚至成為法國的象徵。

從 Palais du Luxembourg 出發，穿梭大街小巷，在樓房與樓房之間看見鐵塔的身影，或近或遠，它的魅力讓人的目光沒辦法離開。走到 Eiffel Tower 下，有種既親切又陌生的感覺。熟悉是因為從小到大在照片、影片看過它無數次，像是認識多年的老朋友；陌生是因為這是第一次親眼看到它矗立在眼前，深深被那宏偉所震撼，忍不住一張接一張地拍照。這一刻其實有點不可置信及莫名的激動，好想大聲喊「真的是 Eiffel Tower，是真的！」。

除了之前看到倫敦大笨鐘之外，Eiffel Tower 是第二個在歐遊行程中令我感動的地標。

省錢小撇步

想欣賞不一樣的 Eiffel Tower，可以選擇晚上到 Champ de Mars 觀看鐵塔燈光表演，活動免費開放予公眾人士，是非常受歡迎的夜間行程之一，但觀賞地點人流較多，必須小心保管身上的貴重物品。

也參觀了法國參議院所在的盧森堡宮
Palais du Luxembourg。

躺在 Champ de Mars 的草地，一邊享受和熙的法國陽光，一邊看著
那傳說中的鐵塔襯托在藍天白雲之上，耳邊傳來一陣陣的歡笑聲、悠
揚的樂器聲；走到 Seine 河畔另一邊的 Jardins du Trocadéro，回
頭一看，鐵塔站立於一片青蔥草地，也是一幅美得像畫的景色。

喜歡去旅行，不僅是希望能在旅途中得到啟發，而是想同時體驗那句
老掉牙卻真實不過的古語「讀萬卷書不如行千里路」。即使在書上、
網上看過千百遍有關某地方的介紹，甚至能將一地的資料倒背如流，
但說實話，讀再多的書依然比不上親眼去看一眼來得深刻、動人。

試問自己，現在要回想幾年前書本上的知識和幾年前的一次旅行，哪
一個比較快在腦海中浮現呢？若是不曾走過，怎麼會懂。

**DAY60 行程：
巴黎**

- Palais du Luxembourg
- Champ de Mars
- Eiffel Tower
- Jardins du Trocadéro
- Palais de Chaillot

DAY 61　在凱旋門前買涼快

常有人說巴黎到處都洋溢著戀愛的氣息，起初我也是半信半疑，不過
來到後發現法國人的浪漫真是不容小覷，明明外面的氣溫迫近攝氏
40 度，但還是會有很多情侶無懼猛烈的陽光，躺在草地上享受日光
浴，於烈日之下忘情擁吻。這種比陽光更厲害的強力閃光看久了就習
慣，唯一想知道的是「你們真的不會被曬傷嗎？」法國夏天乾燥又炎
熱，雖然比香港那種又濕又熱的感覺好得多，但還是會一直流汗，特

宏偉的巴黎地標。

別是中午時分，如果不小心走到沒有遮蔽的地方，那絕對有如在沙漠
行走。

因為這次住的廉價旅舍沒有冷氣，加上差不多和十幾個人擠在小房
間，結果還沒八點就被熱醒，起床的時侯滿身是汗，只好梳洗完趕快
出門找地方回復元氣。

由宏偉的 Arc de Triomphe（凱旋門）作為一天的起點，車水馬龍
的迴轉處和充滿歷史感的建築形成強烈對比，至於前方則是著名的
Ave. des Champs Elysees（香榭麗舍大道），名店林立，像我這樣
的窮遊旅人，就只能看看那些放在櫥窗展示的名牌商品。

當地人毫不在意毒辣的陽光。

原本打算在中午之前離開 Arc de Triomphe，可惜早上逛得有點久，
時間上被耽誤了，然後可怕的毒太陽遇上無遮掩的一大片空地，果然
光是站著就已經不停流汗。因為酷熱的天氣實在令人太難受，看到公
園門外的小吃車也忍不住要過去買杯冰汽水和法式薄餅，花小錢讓自
己涼快許多，不然應該很快就會中暑。

在涼爽的國家旅行，衣服未必需要每天清洗，但在法國卻變成例行公事。有時候回旅舍後看到褲子上的一層鹽巴，就知道是汗水的痕跡。還好這次帶來的衣物材質全是易洗易乾，基本上只要洗淨後晾到通風的地方，翌日早上就可以直接穿上。不過讓我最頭疼的是每天跟著我出門的隨身背包，流汗的時候肩帶會變濕，可是又沒辦法經常清洗，所以總是濕完變乾、乾完再濕，連自己都開始有點嫌棄這旅程中唯一的小伙伴。

DAY61 行程：
巴黎

- Arc de Triomphe
- Ave. des Champs Elysees
- Grand Palais
- Petit Palais
- Place de la Concorde
- Jardin des Tuileries
- Galeries Lafayette

DAY 62　€15 的圓夢行

我對於 Musée du Louvre（羅浮宮）的第一印象停留在中學時候看過的一部電影 *The Da Vinci Code*，雖然不太記得劇情但對於那玻璃金字塔和一大堆名畫的場景印象深刻，一直很想親自到巴黎看看到底電影畫面和現實是否一樣。

我平時對於藝術也沒有特別興趣，在旅途中偶爾發現美術館、藝術中心，不會高興到覺得非去不可，不過，Musée du Louvre 對於我的吸引力卻與其他美術館不一樣，除了因為它的收藏品眾多以外，小時候對它的情意結也是重要原因之一，就算要在這個「法國金字塔」外頂著烈日排隊入場，進館後還要重新排隊買票，依然覺得反正一場來到，不來走一趟好像缺少甚麼似的。

好不容易一共排了兩個小時，還沒看到任何畫作，就先看見人山人海

終於來到念念不忘的羅浮宮看名畫。

的可怕狀況。可能是工作人員怕被遊客一直追問「請問這個 xxx 在哪裡，那個 xxx 在哪裡」，因此一進館就能看到不同名畫的指示牌，把人流分往三個不同的大廳，而我這個藝術白痴除了那幅帶有神秘微笑的 Mona Lisa 畫作以外，任何作品也不認識，所以就決定直接飛奔到 Mona Lisa 的「寢室」，其他展區就之後隨意逛。

剛開始跟著指示一直在館中繞來繞去，擁擠程度就像過年時去逛維園年宵，幾乎不可能停下來欣賞牆壁上的畫作。幸好在經過一段路後，人潮開始分散到不同位置，周邊總算是有空間自由行動，環境亦終於像一個有氣質的藝術館，而不是吵雜的菜市場。

走著走著，突然聽到一個大展廳傳出吵吵鬧鬧的聲音，八卦之下探頭一看，原來這裡就是 Mona Lisa 的「寢室」。不過……在我的距離

省錢小撇步

Musée du Louvre 會有免費開放時段予不同人士，像是逢星期五下午六點後，26 歲以下青年可以免費入場，每個月首個星期日所有人士免費入場，出發前可以先到官方網站查詢最新優惠資訊。

可惜館內人流太多，也只能遠距離欣賞那神秘的微笑。

所看，大概就只有拇指般大小，而我們之間相隔約六至七米的人海，當每個人都拼命地高舉相機、錄影機，吱吱喳喳地討論畫作的時候，我只能偷偷從人和人群的空隙中欣賞，和旁邊高大的外國人相比起來，根本就是「小朋友來看畫」。

「Mona Lisa，我來看你了，你有看到我嗎？」那一剎，突然覺得她的笑容好像真有一種神秘的感覺，每天被一大群不懂藝術的人圍著拍照，到底她是微笑還是苦笑呢？而我這種純粹來完成心願的人，看完就趕快離開展廳，免得在裡面擠成沙甸魚。

花 €15 到 Musée du Louvre 想近距離看 Mona Lisa 的神秘笑容，來到之後卻看到人頭湧湧的展廳，值嗎？正面思考一下是頗值的，至少這是人生第一次發現藝術品原來也能如此受歡迎。先不管大家是為何而來，可是這也算是傳播藝術的其中一個方式，讓更多人了解藝術吧！

DAY62 行程：
巴黎

- Musée du Louvre
- Jardin du Palais Royal

DAY 63　回到老巴黎時光

別以為巴黎只是一個適合逛街、吃甜點的地方，其實市內還有許多值得一去的鬧市綠洲，並不是指一般的公園景點，而是 Île Saint-Louis（聖路易島）。

當走進這個由十七世紀開始進行城市規劃的社區，街上幾乎都是其他地方少見的單行路，區內的車子不多，部分樓房設計維持著十七至十八世紀的古典風格，偶爾會看見用以裝飾陽台的鐵器，但更常看見的卻是簡潔而高貴的雕刻牆壁。身處 Île Saint-Louis，有如回到老巴黎的街道，想像一下身穿古代服飾的貴族、富商、政治家乘的馬車在路上駛過，大概當年的生活狀況也就差不遠了。時至今日，這地在巴黎人眼中依然是優雅且高貴的小島，周末和朋友來喝杯咖啡，或是坐在河岸欣賞塞納河日落景觀，同樣是不錯的體驗。

除了 Île Saint-Louis，旁邊的 Île de la Cité（西堤島）也是塞納河上的另一個島嶼，因為島上有許多知名景點，應該是比較多遊客認識的地方。小島在中世紀是巴黎的軍事及經濟重地，所以巴黎聖母院、聖禮拜堂、巴黎古監獄都位於此，人流之多是意料之外，可能小島的空

在靜謐的 Île Saint-Louis 欣賞塞納河景。

間有限，所以到處充滿壓迫感，幸好島上還保留了不少休憩空間，可以坐下來好好休息，從周邊的建築來感受歷史文化。

要是將寧靜的 Île Saint-Louis 和繁華的 Île de la Cité 相比，我想前者會更適合自己。

在準備離開的時候，突然有兩位年輕女生拉著我，她們手上拿著一份巴黎市中心地圖，用我完全聽不懂的語言在說話，好像是在向我問路。此刻腦中突然響起警號：該不會是小偷吧？只好一直跟他們說「I don't know.」，然後一邊微笑一邊往後退，沒想到才退不到兩步就撞到人，向後一看發現對方不是那種被撞到的生氣模樣，反而是心虛地對上眼神後就走開，我也沒想太多，趁機馬上閃走。

人在國外旅行想保護自己，不是說要對所有人都拒諸千里，而是防人之心不可無，要是少許自我保護的意識都沒有，那可能真的不適合一個人出國旅行，還是留在家免得招來損失。我相信每個地方都有好人和壞人，可能在這個路口遇上熱心幫忙的人，可是也有機會在轉角就碰到盯上自己財物的壞人，自己唯一能做的就是在出狀況前保護重要的東西，例如：把錢和護照藏在貼身腰包、人多時背包要背在胸前、拉鏈處扣上小鎖……小偷不是笨蛋，挑下手對象也會講究，要是有人傻傻地在街上找路，東西又沒有看好，一臉羊牯的樣子到處晃來晃去，很難不被當作是天掉下來的提款機。

DAY63 行程：
巴黎

- Place de Vosges
- Île Saint-Louis
- Île de la Cité
- Cathedrale Notre Dame de Paris
- Jardins de Luxemburge

與來自美國的 Seth 同遊 Théâtre gallo-romain。

DAY 64　沒有艷遇，只有旅伴

自從一個人來歐洲後，身邊朋友一直追問：有沒有異地情緣、有沒有
打算長駐歐洲不回家、有沒有……下刪一萬字的朋友做夢記。在這次
一個人的歐遊旅行中，艷遇説不上有，因為我本身沒有特別喜歡外國
男生，總覺得文化差異有點難接受，但這些日子累積下來，倒覺得是
「一天朋友」比較多，這樣也是不錯的收穫。

從巴黎出發往里昂，依然是乘坐那間每次都延誤的廉價巴士，畢竟只
要€1 就可以去目的地，不能要求太多，反正在等車的時候可以找間可
以看到車站的咖啡店或餐廳吃東西，看見有車就飛奔回去。在車站旁
的小店，遇見來自美國的 Seth，原本正在各自喝咖啡的我們，看見車
子進站馬上從座位跳起來，拿上行李就往門外跑去，氣喘喘地在車站
相視而笑，真沒想到原來這樣也可以認識到新朋友。

Seth 的家鄉在里昂，每年都會回去法國一趟，這次正好在巴黎和朋

從高處俯瞰整個里昂。

友道別，自己乘車回去探望家人，而我呢？想一想當初會將里昂放進行程中，是因為某一天在逛街時，看到廣告上寫著「每日航班直飛里昂」，而圖片則是非常漂亮的河岸景觀、石材小屋、黃葉飛舞，雖然看起來只是一個普通的航空公司廣告，但「法國里昂」這四個字卻令我印象很深，總覺得應該會是比廣告照片更好看的小鎮，加上地點就在巴黎附近，放進行程中去小住幾天也無妨。

到達里昂之後，我們回去各自的住處放下行李，然後再結伴前往 Seth 小時候的秘密基地 Théâtre gallo-romain，一邊聽他說著小學離家出走的趣事，一邊在山上欣賞這座漂亮的小鎮，可能是因為大家的年紀差不多，不論在處理事情的想法、遇到的困境也有點相似，所以許多話題都聊得來。能夠在當地人的帶領下穿梭於里昂城區，聽到一些在旅遊書上從來沒有寫過的故事，我想這就是認識新朋友的樂趣之一。

不論是男生或女生獨自在外旅行，對方的國籍、性別、年齡從來不是判定是否可以交朋友的標準，個性才是影響能否聊下去的重要關鍵。有人會覺得女生在國外被男生搭訕的機會高一點，一個人在等車、吃飯的時候少不免有人過來聊天，但其實這個情況就有點像外國人來到亞洲，看起來就比較特別，甚至有人會主動過去和對方接觸，反正每個地方也有類似的狀況，只不過是外國人比亞洲人更熱情，更主動去認識新朋友。

DAY64 行程：
巴黎

- Théâtre gallo-romain
- Basilique Notre Dame de Fourvière
- Parc des Hauteurs
- Cathédrale Saint Jean Baptiste
- Rue Saint Jean

DAY 65　三種房子三種性格

在里昂的這幾天，剛好住在一個養了五隻貓咪的民宿，因為我本身有養過貓咪，所以很期待入住這間里昂民宿。貓咪是一種難以捉摸的動物，明明昨天還有點怕陌生人，看到我進門就不知道飛奔到哪裡去，但到晚上回來的時候，卻已經主動過來我的腳邊撒嬌。

本來覺得今天沒有甚麼行程，可以賴床賴到肚子餓才出門，結果一大早就被兩隻可愛的貓咪闖入房間，牠們不僅大剌剌地用腳直接踩過我的額頭，之後更大模大樣在我被窩裡睡著，害我徹底被牠們的趣怪舉動打敗。

反正醒來了，只好早一點出門，又是一天亂逛的旅程。

居住的地方正好位於市中心附近，熱鬧的大街就在房子的旁邊，而穿過火車站則是一個新規劃的城鎮——後站。離開火車後站出口，眼前的房屋明顯比前站的建築物更古舊，加上馬路旁種植的大樹，令街道看起來有一股優雅的感覺。再往河岸方向前行，房屋開始變成一棟棟的現代化大樓，時尚的設計有點像商業中心大樓，旁邊幾個仍在施工的工地傳來「嘭嘭聲」，似乎很快就會有更多的高樓在河岸一帶建成。

後站到處可見設計創新的房子。

離開河岸，房屋似乎愈來愈有趣，不僅是設計成前衛風格，連用色也相當大膽，鮮藍的正方房屋、自然系竹子矮房、橘黃色高挑樓房等，比起之前在鹿特丹看到的創新房子設計更新穎。在一個小小的區域，三種完全不同風格的建築大放異彩，不知道在當地人眼中到底是好或不好，但至少令人留下不刻板的城市印象。

可能是因為新市鎮比較少人巡邏，所以到處都有一些大型塗鴉，有的以諷刺手法來批評社會現象，也有的是抒發個人想法，像是在其中一個房子的外牆，被人用噴漆寫上「Travel is...?」

小時候去旅行，印象中跟著導遊在不同的景點左跑右跑，看完照片才想起自己曾經在某個地方出現過，過程完全想不起來；到有自己朋友圈子的時候，開始會和朋友出門旅行，嘻嘻哈哈過完幾天，對於去過的地方沒有印象，反而對旅程中的搞笑故事歷歷在目；直到現在喜歡上一個人旅行，感覺自己好像在每次的旅途中日漸成長，不是「花錢出國」般簡單，而是確實地從中得到一些東西，領悟到以前沒想過的事。

DAY65 行程：
里昂

- Jardin d'Erevan
- Musee des Confluences
- La place Bellecour

「旅行的意義」大概就是讓我愈來愈了解自己的想法，從以前那個對將來毫無計劃的呆子，變成會思考未來的社會新鮮人，特別是在一個人旅行的時候，每個獨處的時間也是反思、規劃人生的時機。雖說想完一大堆也未必可以全部實現，畢竟人生總是充滿變化，但不管最後得到結果是否如心中所想，至少過程中讓自己慢慢成長，學習怎樣向夢想前進，這才是最重要的一環。

DAY 66　免費入動物園看長頸鹿

每次和身邊的人聊到旅途點滴，經常聽到「年輕真好」，意思大約就是等同可以吃苦的年紀，對未知的大世界充滿熱情，願意去探索身邊的新事物。

背上比自己還要高的背包，以有限的旅費穿梭不同國家；住在十多人混宿的旅舍，和來自各地的新朋友互相認識；乘搭過夜巴士穿州過省，整晚都坐著睡覺，但第二天依舊精力充沛……或許對於正在經歷這些事情的年輕旅人來說，根本只是小菜一碟，但想像一下，如果現在不去做，而是等到10年、20年，甚至30年後才去嘗試，這些所謂的「小事情」還是小事情嗎？有時候在想，要是沒有趁畢業後的這段期間鼓起勇氣出發歐遊，或許這輩子再也沒有勇氣放棄手上的事情歐遊一次了。當年紀漸長的時候，就算依然能保持年輕的心，只是體力、精神早就大不如前，不是不想去完成，而是心有餘而力不足。能吃苦的時

**動物園內還有大公牛、
小鹿班比等。**

永遠用屁股對著我的長頸鹿。

候就多吃點苦，寧願以後的日子因為自己太瘋狂而覺得可笑，也不要因為不敢嘗試而覺得後悔。

從 Le Rhone 一直沿著河岸漫步到 Parc de la Tête d'Or，踏著腳下的落葉、看著白雲在頭上飄過，優哉悠哉地漫步於小城之中。記得以前常笑話法國人吃東西很慢，一頓午餐也要吃上幾個小時；現在來到法國之後，特別是離開繁華的巴黎，也開始明白法國人的「慢」絕對是與生俱來的本能，要是從小到大也悠閒地過日子，那大概我也會跟著慢起來。若是里昂人來到香港旅行，很可能會被香港人的光速行動嚇壞吧？

來到 Zoo de Lyon，目標非常清晰，一定要看到長頸鹿！

小時候很喜歡看電視的動物頻道，特別是看到長頸鹿會非常開心，記得當時的夢想是希望去一趟非洲騎長頸鹿，爬到牠的頭上看風景，在牠的脖子上玩滑梯。如此奇怪的夢想當然不會實現，不過這幾年一直在不同國家看長頸鹿，算是有稍為滿足小時候的心願。

望著眼前不愛看鏡頭、一直用屁股對著我的長頸鹿，我決定要趁還能跑能走的青春歲月去一趟非洲，親自捕捉牠們在野外最真實的一面，就不相信拍不到一張長頸鹿全家福！

省錢小撇步
原本以為動物園是收費入場，沒料到它就只是附屬在公園之內，不用花錢就能看到不同的可愛動物，非常值得加入行程中。

DAY66 行程：
里昂

- Parc de la Tête d'Or
- Zoo de Lyon
- Le Rhone

清澈見底的流水與隨之晃動的水草。

DAY 67　在簡樸生活中找到快樂

也許是從小到大都在城市長大的關係,對於高樓大廈、人來車往的情景並不覺得特別,反而憧憬長大後可以在鄉村過日子,每天與自然環境為伴。如果真的能夠在田園中生活一陣子,遠離都市的種種繁囂,那對身心來說該是不錯的選擇。

在偏遠的小鎮,許多城市人覺得理所當然的東西,這邊一概找不到:熟悉的超級市場變成小店、路邊的汽車變成單車、平坦的混凝土路變成泥石路、房子延伸出來的陽台變成樹蔭……剛開始難免會不習慣,還會怕被蟲叮和環境骯髒,不過只要將心態稍稍調整過後,便可輕易地體會很多在大都市裡從未發現的新事物。

Fontaine de Vaucluse
只有小店沒有大型超市。

走在 Fontaine de Vaucluse，沒有高樓，到處都是可愛的小房子；沒有公園，四周全是高山草地；沒有人工水池，只有天然河溪與湖泊；沒有汽車聲，只聽到風聲、水聲、鳥聲。雖說不上「連空氣都是甜美」這種誇張的形容字句，但清新度絕對是不容置疑。不過最令人驚訝還是那些清澈見底的流水，乾淨到沒有半點雜質，令我像傻子般盯著流水發呆。

站在河岸一旁乘涼，看著水中一根根的水草隨著水流擺動，平時看起來一點都不美觀的水草，在 Fontaine de Vaucluse 居然好看到令人著魔。

來到鄉村旅行，沒有高速網絡，也沒有美食佳餚，更沒有說出來甚麼打卡景點，只有大自然花上無數光年所創作出來的優美環境，沒想到在如此純樸的鄉村中漫步，感覺居然比城市更愉快，看來簡單如路邊看到的一草一花、一磚一瓦，都是讓心靈富足的重要部分，回家以後也是時候好好反省，到底「快樂」是一樣甚麼東西呢？

學著享受簡單的生活方式，也許這樣才能體會真實的快樂。

DAY67 行程：
碧泉村／索格島

- Fontaine de Vaucluse
- L'Isle sur la Sorgue

DAY 68　奪命狂奔幸運日

常聽朋友說法國南部很漂亮，是那種好像沒有被過度污染的美，有一點點的商業化，可是又不會造成破壞。剛開始聽的時候有點不明白到底是甚麼意思，不過當自己來到南部之後，就發現這裡的美的確是和平時看到的不太一樣，可能是政府的旅遊規劃完善，才可以讓不同的大城小鎮在發展之餘，又能保留原有的特點。

不少人在 Pont-du-Gard 游泳和划艇。

由石灰岩建成的高架橋。

於尼姆下車後，手上拿著在旅遊中心取得的簡單地圖，職員很用心地以我只能聽懂一半的英文介紹周邊景點，並將幾個值得遊覽的地方圈出來。雖然法文版的地圖是完全看不懂，但尼姆市內的道路比想像中簡單，所以一路走來也沒有困難。

在這座保留了大量羅馬遺跡的城鎮中，從非常矚目的 Arenes de Nimes，到稍遠的地下水公園 Jardins de la Fontaine，再繞回主要行人區，整座城市散發出一種獨有的魅力，明明大街旁邊就是歷史遺跡，但兩者之間又好像有一道無形的牆壁，既是互不相侵，又是息息相關。要是在不看重歷史，只著眼經濟發展的國家，可能這些在市中心的歷史遺跡早就被連根拔起，搬到其他地方重建了。

若是想看更多羅馬時代的建築，可以順道前往附近的 Pont-du-Gard，三層高的橋樑曾是古羅馬所建造的輸水系統其中一部分，不論是從橋上俯瞰河流 Gardon，或是從河道兩岸回頭欣賞橋樑，同樣能感受這片被列入世界文化遺產的神奇土地。印象中的世界文化遺產應該是受到嚴密保護的地方，但是 Pont-du-Gard 所在的河道卻開放予公眾人士，不僅有人在岸邊跳水、游泳，還有人在河道划艇，似乎令嚴肅的景點變得更有趣。

省錢小撇步
法國某些巴士設有分段收費，買票前記得要先準備目的地的法文名稱給司機，以便計算正確車資，免得不小心被收全程車票價格。

原以為這一天過得頗順利，可以在滿滿的古羅馬氣氛中完結，沒想到回程之際居然差點出狀況。連接嘉德水道橋和亞維儂之間的巴士在平日只有幾個班次，為了不要錯過尾班車，我特意提早 20 分鐘到車站

DAY68 行程：
尼姆 / 嘉德水道橋

Nimes

- Arenes de Nimes
- Eglise Saint Paul
- Maison Carree
- Jardins de la Fontaine
- Tour Magne

Pont-du-Gard

等候，可是等了一會兒卻沒有看見任何車在道上駛過。於是我嘗試走到公路稍前的地方查看，才發現通往亞維儂方向的馬路被封，車子只能繞道而行，不會開到 Pont-du-Gard 附近的車站，難怪剛才的巴士到站後馬上倒車離開。

在這種從沒想像過的情況之下，我立即拿出巴士站列表和離線地圖，推斷巴士會在哪一條路繞走，而最近的車站又在哪個方向，之後便開始走向一個完全不知道是否正確的地方。其實在我和其他巴士乘客一起走往下一個站的時侯，早就過了原定的開車時間，即使方向沒錯，尾班巴士也可能已經離開。

突然，轉角處出現一輛巴士，而且正是我們快要錯過的那輛尾班車，忍不住大喊一聲「Bus」。那種感覺就像是在沙漠中看見綠洲，於是大家都以保特跑 100 米的速度一邊拔腳狂奔，一邊大叫吸引司機注意。誤打誤撞走對車站，還碰上延誤半個小時的尾班車，只能說這天真的太幸運，幸運到現在回想起來依然覺得不可思議。

DAY 69　亞維儂的薰衣草飲食

又是一個天朗氣清的好日子，好像自從在荷蘭的 Kinderdijk 遇到一次突如其來的暴雨後，接下來一個月的旅程幾乎都是大晴天，果然法

色彩繽紛的手工香皂令人目不暇給。

國周邊的天氣和有雨城之稱的英國真的不太一樣，希望接下來的日子可以繼續將雨傘收起來吧。

在亞維儂已經住上兩天，卻連續兩天都往城外走，只剩一天留在這個小城鎮。這個地方除了本身的歷史遺跡相當引人入勝之外，也擔當了中轉站的角色，不管是前往南部的哪一個知名景點，幾乎都可以在亞維儂找到公共交通。如果可以重新再規劃一次，可能我會考慮在南法待上四至五天左右，去更多的周邊小鎮感受法式田園風情。

小小的亞維儂，遊客數量遠比想像中多，不知道碰巧是假日的關係，或者亞維儂本來就是旅行熱點，市中心的廣場一大早就傳出陣陣喧鬧聲，不僅是餐廳坐滿客人，就連路邊的小吃攤亦有長長的隊伍，路邊的樹蔭自然成為一家大小的休憩空間。因為氣溫將近攝氏 35 度，才剛出門就熱到一直流汗，結果忍不住買了薰衣草雪葩來為自己降溫，另一邊漫步市內的大街小巷。連續逛了好幾條小巷後，發現除了一般的鑰匙圈和明信片之外，還有許多薰衣草、手工香皂、竹製飾品等。

省錢小撇步

出發前申請國際學生證，購買各國火車票都可以享用學生優惠，節省旅費。要是已經畢業多年沒辦法申請，那就只能盡量提早買票，搶早鳥優惠車票，會比現場購買便宜。

Rhône 的碧綠湖水在
陽光下閃閃生輝。

在手工香皂店的短短幾分鐘裡，我看見其他遊客都一大堆一大堆地買
走，應該在當地真的很有名吧？雖然我自己並不特別喜歡使用香皂，
看著七彩顏色的香皂也不知道哪一款比較好，不過最後還是有買一塊
大的分切成小塊放在背包辟味，效果確實不錯，早知道就再買一塊回
家送人。

從廣場一帶起步，經 Cathédrale Notre-Dame des Doms d'Avignon
慢慢登上 Rocher des Doms，在這個同時具有英式及法式風格的公園
俯瞰亞維儂市中心景觀，遠眺歷史悠久的古城牆，然後沿著石梯往河
流 Rhône 出發，直至走到斷橋 Pont Saint Benezet，基本上就已經
看完市內的主要遺跡，聽起來好像很快就結束，不過要是想每個地點
都有足夠時間去感受，還是需要預留一整天在亞維儂市內遊覽，尤其
是在夏天的高溫下，以慢一點的步伐來探索會更舒適。

最後，在路邊小店買上一杯冰凍的薰衣草飲料，到 Rhône 河岸隨
意找個地方躺下來休息，看看天空看看雲，為亞維儂之旅留下完美
句點。

DAY69 行程：
亞維儂

- Place de L'Horloge
- Hotel de ville
- Opera theatre
- Palais des Papes
- Cathédrale Notre-Dame
  des Doms d'Avignon
- Rocher des Doms
  Pont Saint Benezet

在天氣好的日子，
特別多人聚集在河岸。

DAY 70　退燒藥與營養果汁

旅途中最怕突然生病，之前在曼徹斯特的一場小感冒，已經有點打亂
原本的計劃，沒想到一個多月後，再次被病菌盯上，而且症狀比上次
更可怕。

昨晚吃完飯後感到有點累，所以早早就上床休息，沒想到今天出門的
時候，覺得情況好像比昨晚更糟，有點爬不起來的感覺，可是火車票
前兩天就買好，而且價格也不便宜，總不能放棄車票而多住一天。最
後咬緊牙關強迫自己起床，隨便在民宿咬一塊白麵包便出發往火車
站。由於是早班火車的關係，車上的乘客不多，大概整個車卡就只有
10 個人，環境舒服加上本身有點睏，所以便放心地在火車上小睡一
會，結果不小心就直接睡到圖盧茲。

市內的公園環境幽美，為鬧市中的綠洲。

在民宿放下行李後，就馬上外出找咖啡店吃午餐，研究一下圖盧茲市地圖，才發現原來市內可以逛的地方比想像中多，除了教堂和博物館之外，還有古舊建築、河岸景觀、小巷店子等，幸好安排兩天在圖盧茲，要不然應該沒辦法逛完。

在圖盧茲，景點與景點之間的距離不遠，倒不如以步行的方式在市中心繞一圈，無論是古典風格的紅磚樓房建築，或是宏偉而歷史悠久的跨河橋樑，全是值得令人停下腳步、拿起相機瘋狂按快門的地方。走在市內的大街小巷，幾乎每一個空間都有不一樣的感覺，明明眼前是鳥語花香的公園，轉角卻是古雅的老皇宮，再往前走就是流水潺潺的運河，彷彿一個城市藏匿無數的小驚喜，等待遊人去發掘。

DAY70 行程：
圖盧茲

- Canal du Midi
- Jardin du Grand Road
- Jardin Royal
- Jardin des Plantes
- Eglise Saint Exupere
- La Garonne
- Pont Neuf
- Basilique Notre-Dame de la Daurade
- Pont Saint Pierre

原本想撐到晚餐之後才回民宿，可是下午就愈來愈頭暈，而且雙腳有點走不動，只好趕快回去休息一下。當屋主幫我開門的時候，看我面色有點蒼白，馬上將我帶到沙發坐下，還幫我量體溫，結果原來已經燒到快攝氏 39 度，我還一直傻傻地以為是天氣熱才會覺得身體有點熱，沒有想到是發燒。幸好背包裡有常用藥，再加上屋主特製的營養水果汁，雙管齊下再休息一晚應該很快就能康復。

華美的主教堂無論到訪
多少座都不會厭倦。

DAY 71　狠下心來一盤有點貴的 法國蝸牛

今天高燒退下來，精神也比昨天好多了，雖然接踵而來的是喉嚨痛如刀割，但應該也算是不幸中之大幸，至少這樣只會影響說話，並不會打亂行程，即使想回到市中心好好逛一下也沒問題。

記得在香港的時候，每次喉嚨痛都會有陳年鹹柑桔救命，只是目前孤身在外，想找到柑桔也不容易，更何況手工鹹柑桔。很多人對於身邊的事物會有種習以為常的態度，直到有一天失去了才察覺其重要性。這次來歐洲的時間比較久，在旅途中明白很多一直被視為理所當然的事，其實從來不是必然。

省錢小撇步

外出用餐不便宜，但到國外旅行不去吃一下正宗菜式又好像說不去，建議選擇餐廳時可以避免去市中心或遊客區，另外，選擇午餐時段也是省錢方法之一。

奧古斯汀博物館裡的有趣裝置藝術。

這兩天最大的得著不是讓我學會照顧自己，而是學會珍惜原本擁有的人和事，才能懂得其中的意義。

因為昨天身體不舒服的關係，沒有和屋主聊天，還麻煩對方照顧我這個病人，讓我覺得非常不好意思，所以今天特意早點醒來，和她一起到她常去的小店吃早餐。原來屋主是大自然愛好者，在圖盧茲郊區有一座小小的私人農場，栽植無花果、蘋果、桃子等果樹，就連昨天給我喝的水果汁也是自家農產品，純天然的鮮甜果汁絕對是這趟旅程中喝過最美味的飲料。若是能夠擁有自己的農場，我想除了水果之外，養幾隻牛、羊也好像不錯吧？

DAY71 行程：
圖盧茲

- - - - - - - - -

- Cathedrale Saint Etienne
- Musee des Augustins
- Place du Capitole
- Eglise Notre-Dame-du-Taur
- Basilique Saint Sernin

不經不覺已經來到法國站的最後一天，原先還想著要在離開前掏錢吃一頓正宗法國大餐才出發往西班牙，可是以現在的身體狀況，連喝水都覺得喉嚨痛，大餐應該是沒辦法吃得下。不過作為固執的金牛座，在腦海中一輪天人交戰之後，最後還是敗給自己內心的小惡魔，走進一間看起來還不錯的法國小店，心想：至少要再來一盤法國蝸牛才不枉此行！雖然烤蝸牛的價格有點貴，但想到回家之後可能再也沒有機會再吃到那種口味，就決定狠下心把錢花出去，先吃完再說吧。

西班牙
Spain

CHAPTER 11
熱情洋溢的西班牙

Casa Mila 波浪型的外牆很趣怪。

DAY 72　天才建築師的作品展

不管是五天的短途旅行，或是五個月的長途旅行，過程中少不免會出現大大小小的意外，可是也不一定是倒楣事，只要將看待事情的心態稍為轉變，説不定亦可以在意外中得到一些意想不到的新體會，變成其中一項難忘旅行回憶。

從法國圖盧茲乘巴士到西班牙巴塞隆納的車程約五個半小時，買票時特意選擇清晨出發的班次，預計中午到達西班牙就可以立即開始旅程。聽起來好像很辛苦，不過想到車票才£1，加上在車上又能補眠，所以便決定馬上把票訂下來。在幾十次乘搭廉價巴士的經驗中，除了英國境內的班次外，其他地方都是 90% 以上遲到，遲半個小時左右是家常便飯，延誤一個小時以上也不用意外，只是這次早班車延誤兩

Casa Vicens 是 Gaudi 首幢設計的建築。

個多小時，早知道就在民宿多睡一會兒，現在坐在路邊想睡又不能睡，心情確實有點不爽。

突然，身後有一束光線穿過雲層灑落在那個陪伴我兩個多月的大背包，回頭一看才發現太陽正從遠方的山嶺慢慢探出頭來，耀眼的光芒將原本的深藍色驅走，不消一會兒，天空就變得明亮無比，剛才的夢幻日出彷彿是一場神秘的夢。

要不是自己選擇早車、要不是巴士嚴重延誤、要不是剛好天朗氣清、要不是等車的地方在戶外⋯⋯我想也不可能在這種情況下欣賞日出了，這種體驗也是珍貴的回憶之一。

到達巴塞隆納，時間已經比預計晚得多，所以匆忙地將行李放回旅舍後，馬上出發展開 Gaudi 建築之行。Antoni Gaudi 是巴塞隆納著名的「加泰羅尼亞現代主義」建築家，被稱為建築界的鬼才，市內有七棟由他設計的建築被劃入世界文化遺產。他的作品以不規則線條、大自然元素、馬賽克、瓦磚拼貼出強烈的個人風格，即使是將他在1878 年建成的首座建築 Casa Vicens 放在現代城市，仍然不會有過時的感覺。

我最喜歡的 Gaudi 建築是被稱為石頭房子的 Casa Mila，和周邊的傳統直線建築非常不同，蜿蜒起伏的外牆曲線看起來有點像海浪，整棟房子沒有建築物常見的主牆，完全依賴柱子來承托重量，當中的力學

**DAY72 行程：
巴塞隆納**

- Casa Vicens
- Casa Mila
- Casa Batlloe
- La Rambla
- Plaça Reial
- Mirador de Colom
- Port Vell

結構在那個年代絕對不是每一位建築家都能做到。Antoni Gaudi 説過「The straight line belongs to men, the curved one to God.」從這句説話就能猜到 Gaudi 的設計理念，也明白為何他的作品都有流暢的線條。

在市中心的短短半天造訪了數個 Gaudi 的建築，雖然不是每個地方都付費入場參觀，但單是在外面遠遠眺望就已經令人驚嘆不已，也難怪大家都説他是天才建築家。我沒有學過任何建築方面的知識，對於設計、美學也不太懂，但是以一個普通人來看，Gaudi 的作品的確為平平無奇的街道添上一點活力色彩。

DAY 73 買景點門票不如城市散步

省錢小撇步

值得參觀的地方不一定是要花錢買門票的地方，入住旅舍時不妨主動向櫃檯人員查詢周邊有哪些當地人常去的地點，通常都會是免費入場又有本地特色的地方。

還有差不多兩個星期就結束旅程，目前幾乎是步入整個歐遊之旅最慵懶的部分，行程早就飄到外太空，手上根本沒有參考可言，就連在旅舍認識的新朋友問我要去哪裡，也只能老實告知「I have no plan」。

那每天的行程從何而來？就是一邊吃早餐，一邊規劃路線之後就開始出門亂逛。雖然這種懶人行程看起來不算豐富，可是我倒覺得每天可以走到公園放空，偶爾在路邊拍照、看建築物，這種生活讓人很放鬆。

Arenas de Barcelona
的頂樓可遠眺城景。

從位於巴塞隆納東北方的旅舍，步行到市中心西南方的 Montjuïc，
跨越七公里來到城市的另一邊，感受和想像中完全不一樣的巴塞隆
納。為了省下交通開支和避開傳說中扒手問題最嚴重的公共交通系
統，路程一個小時左右的行程都會選擇散步過去，既可以當作運動，
也能貼近當地居民的真正生活環境，看到更多平時沒有察覺的細節。

在 Montjuïc 一帶，可以先從 Arenas de Barcelona 出發，在這個以
羅馬鬥獸場改建而成的大型購物中心走一圈。雖然外面看起來像是老
舊的古物，但裡面卻是時尚潮流集中地，經過活化的遺跡似乎已經成
為新地標，重新開放總比以前空置浪費好得多。登上頂樓，可以俯瞰
周邊城市景觀和遠眺山上的公園 Parc de Montjuïc，那邊就是「無
目標閒逛」行程的最佳地點。

Parc de Montjuïc 是一個安靜而漂亮的地方，遊客不多，幾乎都
是當地居民來做運動、休憩，除了可以步行上山，也可以選擇在海
邊乘搭纜車。雖然嚴格來說只是一個公園，但只要走到 Torre de
Comunicacions de Montjuïc 附近，便能發現周邊風景怡人，特別
是配上藍天白雲的天氣，非常適合喜歡拍照的人。巴塞隆納曾經於
1992 年舉辦夏季奧林匹克運動會，當時的場館正是位於 Montjuïc，
來自世界各地的精英運動員聚集在 Anella Olímpica 及 Estadio
Olímpico Lluís Companys，奧運結束以後場地用來舉行不同的國際
足球賽事或演唱會，連 Madonna 和 Michael Jackson 等巨星亦曾在

由羅馬鬥獸場改建的購物中心。

很多當地人假日會在 Parc de Montjuïc 流連及野餐。

DAY73 行程:
巴塞隆納

- Arenas de Barcelona
- Place de Espanya
- Museu Nacional d'Art de Catalunya
- Parc de Montjuïc
- Torre de Comunicacions de Montjuïc
- Anella Olímpica
- Estadio Olímpico Lluís Companys

台上演出。這兩個地方目前開放予公眾人士參觀,經過的話不妨去看看這個二十多年前建成的奧運場地,是如何為巴塞隆納帶來改變。

旅途中每天以悠閒的步伐到處亂逛,不只是步調完美地融入國外的節奏,就連腦袋也好像開始變得有點遲緩,一邊躺在樹蔭下,一邊在想:要不是習慣拍照和每天執筆紀錄旅途點滴,説不定回家後就會將這些日子的記憶忘得一乾二淨。好好享受腦袋長期處於空白狀態的日子,回到忙碌的香港便很難有這樣的機會了。

DAY 74　化身古代「貴族小姐」

前天看過幾間由 Antoni Gaudi 設計的房子,已經令人非常震驚那個年代居然可以設計出如此誇張和前衛的房屋,但那些作品都並非他的巔峰之作,想了解他花盡一生心思設計的建築,就絕對不可以錯過巴塞隆納最有名的 Sagrada Familia。

這座由 1882 年開始修建的贖罪教堂到現在仍在建築中，是世界上唯一一座還未完工就被列為世界遺產的建築物，設計以「加泰隆尼亞現代主義」風格為主，並利用自然植物的形態為藍本，配合《聖經》中的各個場景故事，令教堂具有多重意義。

我不是教徒，所以每次去教堂都是純粹地欣賞古典建築，而眼前的 Sagrada Familia 是我人生看過最神聖、莊嚴的教堂。當踏入教堂的一剎那，眼睛立即被中殿的景象深深吸引，和平時看到的教堂設計完全相異，樹枝狀的巨型廊柱從地面一直往上延伸，支撐著整個殿堂，拱頂的設計和交叉的的幾何結構令人目不暇給。陽光透過窗戶上的彩色玻璃照射到室內，到處都是七彩的自然光線，象牙白色的柱子和牆壁亦變得色彩繽紛。漫步於教堂大殿，抬頭一看覺得室內好像是一大片動物巢穴，往前看又好像走進白色森林，每一個空間都彷彿有它的個性。

在沒有電腦計算的年代，Gaudi 能夠精準地計算出建築物一磚一瓦的位置、斜度、重量，建造出和一般建築力學不同的教堂，大至高聳的尖塔、偌大的窗戶，小至天花雕刻、燭台分佈，處處都能感受到這位瘋狂建築家對建築的堅持。

除 了 Sagrada Familia， 由 Lluís Domènech i Montaner 設 計 的 Hospital de la Santa Creu i Sant Pau，也是一個令建築迷熱愛的地方。原本以為這個博物館不算特別，但後來慢慢發現這裡的紅磚建築

讓人為之驚嘆的
Sagrada Familia。

哪有醫院這麼美啊？

DAY74 行程：
巴塞隆納

- Sagrada Familia
- FCB Official Point
- Hospital de la Santa
  Creu i Sant Pau
- Parc Guell

有別於常見的醫院設計，牆壁上不只有色彩繽紛的馬賽克作裝飾，還有精緻的雕刻圖案，紅綠相搭的主色為冷清的醫院添上生氣，看起來像一棟棟的糖果屋。

整組二十世紀的建築群共有 48 座病房，以伊斯蘭式風格為主，病房之間除了可以在路面來往，也可以經由地下通道連接。每棟建築物外均有空地供病人活動，沒有半點壓迫感，加上花園的自然植物點綴，看起來不只不覺得自己身處醫院，甚至好像身處二十世紀的貴族豪宅，總算是在巴塞隆納完成當「貴族小姐」的願望。

DAY 75　零規劃行程的小樂趣

這次旅行出發前，身邊很多朋友都非常憂心，深怕我會一個人在歐洲出意外。旅程最後兩站是法國和西班牙，幾乎所有朋友聽到的時候都會一面驚訝地反問「不怕嗎？」，接著就開始分享一大堆聽起來很可怕的故事，偷、搶、騙、擄之類的網路資訊和新聞。

馬德里市中心的街頭人很少。

記得在還沒有決定要把法國和西班牙加入行程前，自己事先看了許多當地治安問題的報道，猶豫很久仍然不知道該不該前往。最後的決定是……這兩個地點的風景都很美，而且當地人文文化是從未接觸過的，如果因為害怕將這兩個地方刪走好像有點可惜，只要出門時多加注意周邊環境安全，問題應該不大吧？

除了巴黎、巴塞隆納，馬德里是整個旅程中第三個讓我在到埗前已經開始緊張的城市，就像平常玩電腦遊戲破關一樣，都已經快要完成了，沒有人想在最後失手吧？所以來到馬德里時，再一次回到神經繃緊的狀態。

由巴塞羅納乘火車前往馬德里，沒想到這個西班牙首都看起來反而不及巴塞羅納般繁華，街上的行人比想像中少，就連遊客好像也不是很多，即使身處市中心廣場 Puerta del Sol 一帶，仍然沒有想像中那些人來人往的畫面。在偌大的廣場隨意找了一間餐廳的戶外用餐區坐下來休息，一邊欣賞古舊的西班牙建築，一邊享受傳說中的西班牙海鮮燉飯，偶爾會看見街頭藝人的魔術表演，或是畫家安靜地在廣場一角寫生。

省錢小撇步
選擇馬德里住宿地點時，可以考慮火車站周邊步行距離 10 分鐘左右的位置，不但方便乘搭火車及機場巴士，而且價格也會比廣場一帶便宜。

這是西班牙的日常，現在亦變成了我的日常。

因為今天沒有安排任何行程，也忘記在火車站的旅客中心拿地圖，所以整個下午只好在市中心漫無目地走動，隨心穿梭市內的大街

坐在廣場一隅靜靜感受西班牙日常。

DAY75 行程：
馬德里

- Puerta del Sol
- Museo Colecciones ICO
- Teatro de la Zarzuela

小巷，亂逛一些沒有規劃的區域，有時候走到巷弄小店看手工乾花製作，有時候去購物中心吹吹冷氣，有時候闖進不知道甚麼博物館看照片展覽。聽起來好像有點莫名其妙，但實際上又好像走了很多地方，我想這就是沒有行程的小樂趣。

中午離開火車站後，便開始幻想自己被小偷十面埋伏，明明街上就只有幾個人，還是感覺有人會突然從小巷衝出來搶東西，甚至有時候聽到樹葉被風吹動的聲音，也會以為有人在後面走過。不過下午在市中心亂走之後，發現治安似乎沒有想像中惡劣，不知道真的是自己想太多，或是仍未了解西班牙邪惡的一面呢？

DAY 76　比餐廳更划算的美食市場

昨晚回去旅舍後，在交誼廳認識了幾位來自英國的旅人，他們正趁著學校假期結伴來馬德里旅行，下一站正要準備前往葡萄牙，所以離開前將手上的地圖和資料都給我，還重點推薦美食市場 Mercado de

San Miguel。本身對市場非常熱愛的我，當來到 Mercado de San Miguel 的時候簡直可以用「失心瘋」來形容，不論是市場的設計，或者攤位的美食，都讓我突然很後悔為甚麼昨天亂逛時沒有繞到這邊！

市場建於二十世紀初，是當地一棟非常老舊的傳統市場，不過經過活化後，已經以全新面貌示人，感覺時尚、摩登。暗棕的主色調配合鋼材建構的古典外觀，以大片透明玻璃取替常見的石材外牆，讓自然光線照射其中，增加空間感，而且看起來更有活力。難怪昨天那群學生說這個市場不只是吃東西的地方，還能夠看建築設計。

被活化了的傳統市場販售琳瑯滿目的美食。

走進市場中，眼前是井井有條的攤位，每一家所賣的看起來都好像很美味的樣子，一盤盤不同做法的橄欖、整隻掛在牆壁上的風乾火腿、七彩繽紛的蛋糕、林林總總的餐前小吃、飽滿結實的現開生蠔……有的店家會豪氣地直接拿一盤請客人試吃，也有的店家會站在攤位外和客人聊天，雖然我不太明白店家說的西班牙式英文，不過看見他們親切的笑容一樣會感覺到滿滿的人情味。

在其中一攤甜點店停下來，發現西班牙甜點和法國甜點很不一樣，前者是樸素路線，沒有花俏的裝飾，後者是精緻路線，每一件都小巧玲瓏。回想一下，錢包緊縮的我在法國只吃了兩件甜點，味道的確很不錯，但那高不可攀的價格實在令人卻步。現在來到樸素的甜點店，終於可以用一件法國甜點的價格買到兩至三件西班牙甜點。當我專心看

省錢小撇步
市場有很多不同的菜式，除了小吃之外，也有各式主食，像是西班牙燉飯大約 €3 至 €4 就有一大盤，雖然現場的座位不多，可能要站著吃，但價格會比餐廳更便宜。

DAY76 行程：
馬德里

- Plaza Mayor
- Mercado de San Miguel
- Palacio Real de Madrid
- Catedral de la Almudena

著餐牌考慮要吃哪一款的時候，老闆娘從甜點櫃後探出頭來，還笑著說 Churros 是招牌甜點，來西班牙一定要試一下。Churros？那就是被我稱為西班牙油條的那個炸麵糰啊！

果然在西班牙吃西班牙油條的感覺很不一樣，入口特別香脆，上層的肉桂粉和糖霜提升味道層次，再加上一杯溫暖的巧克力醬，感覺都快要幸福到飛天。之後和老闆娘愈聊愈開心，離開前她還在冰箱拿了幾顆自家栽種桃子送我。

離開家園久了，會想念那種被關心、慰問的感覺，而人情味這種虛無的東西，有時候真的令在異國旅行的旅人感動不已。

華麗宏偉的馬德里皇宮
Palacio Real de Madrid。

清幽的 **Real Jardín Botánico**
是很適合沉澱思緒的場所。

DAY 77　在公園與老伯的邂逅

馬德里可以逛的地方不多，昨天難得地有目標逛了一天，結果今日又
再次想不到可以去哪裡，便直接從旅舍門外的小巷往另一個方向走。

不知道是甚麼特別的日子，今天走到大街上的時候竟然看到騎著白馬
的警察經過，天啊！原來歐洲真的會有警察騎馬巡邏，不是電視劇的
編劇亂寫的劇情，果然是非常強烈文化衝擊。

一個人走到 Real Jardín Botánico 看花，突然有一位老伯伯從遠處
走過來，沒有問過我就坐在旁邊，喋喋不休地說話，突然有一句讓
我印象深刻：Are you travelling alone? People always learn and
change during the journey. Did you?

所以老伯伯的意思是透過旅行去學習，可以改變自己嗎？我覺得真正
的改變是需要時間去反思，在一個不被打擾的地方安靜下來，沉澱凌
亂的思緒，再重新找到適合自己的生活方式、面對未來的想法。這種
改變就像看極光一樣，需要天時、地利、人和，極光不一定說想出現

DAY77 行程：
馬德里

- Real Jardín Botánico
- Parque de El Retiro

就會立即出現，個性也不是就想改變就能改變，除了身處的環境有影響，自己的心態也非常重要。

旅行的方式有千萬種，沒有其中一樣具有比較崇高或優勝的地位，適合別人的旅行方式，其實不一定和自己合得來，何不跟著自己的心出發，喜歡購物的繼續去購物，喜歡冒險的繼續去冒險，自己的旅行由自己做主，別讓任何束縛令旅行變得不痛快！

DAY 78　當地人的無償導賞

走過歐洲七個國家，發現每個大城小鎮都有由世界各地移民過來的外地人，感覺比香港更像一個文化大熔爐，這一秒眼前走過的是打扮時尚的法國人，下一秒可能是穿上傳統服飾的穆斯林女性，再下一秒又換成一群充滿活力的黑人……許多看起來不像本地居民的人，其實早就扎根當地，還擁有自己的事業。

在阿蘭胡埃斯的咖啡店遇上來自摩洛哥的 Emem，他在二十多年前跟著家人從非洲移民至西班牙，一直和家人居住在南部城市馬拉加，直到這幾年畢業後才獨自來到這個寧靜的小鎮開咖啡店。由於從小到大也沒有機會回去非洲，所以他不太會說家鄉語言，只會流利的西班牙文和英文，中文也會基本對答。

226

熱情的 Emem 帶著我在市中心參觀，從皇宮走公園，再從民居走到河岸，每一個地方都和我分享了許多小故事，甚至連整個西班牙的歷史發展亦娓娓道來，看他一邊說著自己的生活，一邊從眼神中流露的喜悅，說他不是西班牙人也沒有人會相信，那種對自己國家的歸屬感是沒辦法假裝的。幸好有 Emem 帶領，讓我在短短一天認識了這個陌生的小鎮，了解一些當地人的日常生活，比起參觀景點，我覺得和當地人聊天更有趣。

對於歐美人，華人可能是弱小、被欺負民族，甚至會被蔑視；對於華人來說，可能對黑人恐懼、排斥。只要有人的地方，歧視便會出現，只是如果因為外間渲染的既定印象來否定別人，那豈不是等同於為自己的世界劃上框架？

這次歐洲之行的旅途中認識到來自許多國家的朋友，有的人是千里迢迢到歐洲讀書，有的人是離鄉背井到外地尋找工作機會，還有的人是特意搬到其他地方享受生活，每個人的背後都有一個屬於自己的動人故事。試想想，若打從一開始便以抗拒的態度對待別人，那旅途中不就少了很多有趣的事情發生？

跟著 Emem 在市鎮上遊覽。

無論身處哪一個國家，也總會有不同的好人或壞人，但這些都絕對不是從外貌、膚色、國籍能看出來。嘗試去了解別人的世界，以平等之心去對待每個人，説不定會得到更多意想不到的收穫。

DAY 79　因旅費不足而賺到的體驗

每個人對於旅行住宿的想法都不一樣：旅費充足或是和家人出遊的話，基本上都是選擇舒適且方便的市中心酒店，而獨遊或旅費不多的旅人，廉價民宿或是多人同房的旅舍就是最省錢的選擇。以這次獨自到歐洲旅行的經驗為例，因為自己對於住宿環境要求不高，加上旅費預算不多，所以大部分日子也以價格為優先考慮，預訂多人房旅舍或住進當地人經營的民宿。

如果旅舍和民宿的價格相差 HK$20 以下，我會選擇後者，除了住宿環境比多人房舒適之外，主要是因為希望可以在旅途中與真正的當地人生活在同一屋簷下，直接了解異國獨有的文化，就算是花園中的一花一草、房間的一磚一瓦、客廳的一桌一椅、廚房的一杯一碗，全是獨一無二的體驗。要是幸運地遇上友善而健談的民宿家庭，而對方剛好有時間的話，甚至會帶自己一起出門玩樂，還會有更多意想不到的收穫。

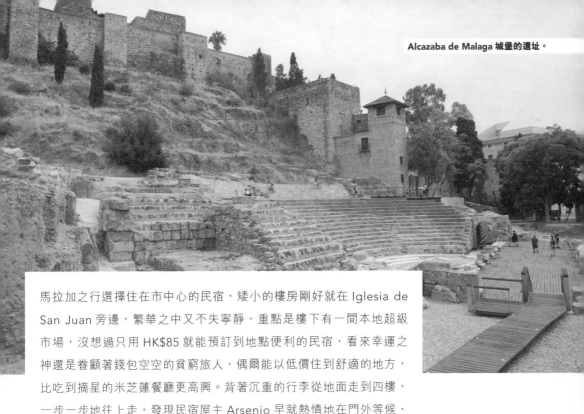

馬拉加之行選擇住在市中心的民宿，矮小的樓房剛好就在 Iglesia de San Juan 旁邊，繁華之中又不失寧靜，重點是樓下有一間本地超級市場，沒想過只用 HK$85 就能預訂到地點便利的民宿，看來幸運之神還是眷顧著錢包空空的貧窮旅人，偶爾能以低價住到舒適的地方，比吃到摘星的米芝蓮餐廳更高興。背著沉重的行李從地面走到四樓，一步一步地往上走，發現民宿屋主 Arsenio 早就熱情地在門外等候，還準備了不同的西班牙餐前小吃招待，讓我有點受寵若驚。

沒有安排行程的我遇上友善又親切的民宿主人，拼湊成一對新鮮的旅伴組合，一人充當教導中文的角色，而另一人則化身在地導遊，從附近的不知名教堂一路逛到古羅馬遺址，再品嚐路邊小攤的烤麵包和酒吧的手工啤酒，一路在城內吃喝玩樂。看似風馬牛不相及的兩個人，卻因馬拉加而連在一起，是人和人之間看不見的連繫？有時候就是一種不能解釋的緣分。

這個古老小城散發著海岸小鎮獨有的氣質，我們在巷弄中自由穿梭，沒有目的地到處亂繞，街道的兩旁是古舊的房子和教堂，踏在凹凸不平的石板路，欣賞帶有巴洛克式和哥德式風格的建築物。也許聽起來

DAY79 行程：
馬拉加

- Iglesia de San Juan
- Plaza de la Constitución
- Catedral de la Encarnación
- Roman Theater
- Alcazaba de Malaga

街頭畫家正在畫人像素描。

不是特別值得一走的行程，甚至連自己在逛完一天後也不太清楚到底去過哪裡、看過甚麼東西，可是有機會從當地人的角度去了解一個不熟悉的城市，比起自己一個人逛景點可能更難能可貴。

DAY 80　收到一顆野生紅石榴

從小就很喜歡吃水果，除了榴槤之外其他都會吃，所以在國外旅行的時候，看到菜市場有一些從未見過的水果，也會買一點回旅舍品嚐，算是旅途中的驚喜。

省錢小撇步
想買到最美味的當季水果，可以到超級市場看看哪一款最多最便宜，或是直接問一下當地人意見，那就可以用低廉的價格品嚐地道水果。不清楚野生果樹是否受政府監管，或是能否食用，不建議自行在街上亂摘水果。

一般來說，歐洲許多城市都會在馬路兩旁種植枝葉茂盛、高大強壯的樹，不過來到南部城市馬拉加，這裡的樹不僅數量比較少，而且品種多屬矮小，是否與當地氣候有關呢？就在百思不得其解的時候，腳邊突然滾來一顆又大又圓的橘子，順著橘子滾來的方向一看，原來這些路邊小樹全是果樹，而且每一棵樹上都掛滿碩大的橘子，比我的拳頭還要大，被陽光照耀得閃閃發亮的看起來非常誘人，咬開之後應該會

有很多汁。可是街上的人似乎都對「路邊橘子」已經習慣，不但地上熟透的橘子沒有人撿，就連樹上完好無缺的橘子也沒有人摘，害我一時半刻不敢貿然行動，只能看著圓滾滾的橘子在腳邊滾過，把口水吞回去，默默轉身離開。

是的，那吃不到的橘子一定是酸的！

下午閒著無事，決定前往民宿主人推薦的 Monte de Gibralfaro，從市中心繞過去這座小山大概 10 分鐘，登山以後可以往更深入的步道。若是不想登山，可以在山頂俯瞰馬拉加中心景觀、遠眺海洋 Mar de Alborán。不過夏天的馬拉加氣溫可以高達攝氏 40 度，出發前要作好防曬措施，或是等到下午三點後才登山會比較舒服，不然在沿途沒有遮蔽物的情況下非常容易中暑。

熱情的大嬸送我一顆新鮮採摘的紅石榴。

對於馬車在路上行走已見怪不怪。

從空無一人的海濱出發，沿著 Paseo del Muelle Uno 往登山方向前行。就在差不多到達的時候，突然看到路邊有兩位大嬸躲在一旁動來動去，走近一點看，發現一位在樹上爬來爬去，另一位就在樹下提著袋子等。本著八卦的心態走近攀談，原來兩位大嬸特意相約來摘野生果子，想帶回家做果醬，她們還熱情地將辛苦摘下來的紅石榴塞到我的背包，叫我等一下登山的時候嚐嚐。其實兩位大嬸的英文不算很好，但似乎熱情可以蓋過一切障礙，就算不太懂對方在說甚麼還是可以聊，真沒想過會在山上碰到如此友善的西班牙人。

DAY80 行程：
馬拉加

- Plaza de Marine
- Paseo del Muelle Uno
- Monte de Gibralfaro

離開馬拉加後，我想我會記住這個滿街都是野生水果的西班牙城鎮，雖然野生水果的賣相和味道都比不上農園栽培水果，可是偶爾能在旅途上吃到純天然的果子，就算再酸的味道還是一樣甜在心中。

DAY 81　盛惠 €1 的「未來」

售賣各式香料的特色小店。

格拉納達位於西班牙南部，是一座極具歷史特色的古城，整個城鎮充滿不同宗教背景的歷史古蹟，包括：穆斯林、猶太教、基督教、天主教……而最多人知道的建築當然是著名的摩爾人皇宮 Alhambra of Granada。格拉納達比想像中大，如果想深入地認識這個地方，至少要預算兩天，但對於沒有時間的旅人，一天也是可以逛完幾個熱門景點，住在馬拉加即日來回便可。

在山上遠眺摩爾人皇宮
Alhambra of Granada。

而由於我只計劃在格拉納達留一天，但又不喜歡匆忙趕景點，所以在安排行程時必須決定到底要直接參觀 Alhambra of Granada，或是在 Albaicín 遠眺 Alhambra of Granada。最後還是選擇登上 Albaicín，既可以沿路感受地道摩爾文化，也可以在山嶺拍攝馬拉加地貌，行程好像比起皇宮更豐富。

格拉納達在阿拉伯的伊斯蘭文化中被統治長達差不多 800 年，所以市內很多地方都能看見其文化特色，而 Albaicín 山下的小區就聚集了許多阿拉伯風情的小店，聽著悠揚的阿拉伯音樂，聞著阿拉伯的獨特香薰，居然有一刻以為自己已經飛到阿拉伯街頭。

狹窄而蜿蜒的中世紀摩爾街道是這個區域的特色之一，山上的房子建築非常密集，兩邊全是「白外牆、棕屋頂」的矮房，偶爾會看見當年摩爾人留下的房屋，也有被富豪改裝成豪宅的房屋。只要沿著曲折的小路往山上方向出發，大約半小時就可到達 Church of San Nicolás，外面的廣場就是遠眺 Alhambra of Granada 的最佳位置。

廣場上有一個寫字小攤，老伯伯在樹蔭下為旅客用阿拉伯文寫字，每

DAY81 行程：
格拉納達

- Iglesia de los Santos Justo Y Pastor
- Iglesia de San Anton
- Iglesia del Sagrario
- Albaicín
- Church of San Nicolás

張 €1，聽起來價格算是合理範圍，就拜託老伯伯幫忙寫一張自己的名字，一張阿拉伯文的「未來」。

每個人對於未來的人生規劃都不一樣，有些人會早早為自己訂立目標，希望在某個階段能夠達成某些願望，對自己或家人有所交待；也有些人會瘋狂地揮霍青春歲月，趁年青時探索世界；還有些人會試著把夢想和現實結合，成就理想中的完美人生……從來沒有人可以斷言何謂正確或錯誤的人生方向，只有走過、試過、傷過、痛過，才能在跌跌撞撞的過程中找到適合自己的道路。

於我而言，就算在年輕時用盡生命賺錢，最後富甲一方又如何，心靈上的富足又何去何從呢？也許夢想、理想不是能賺錢的東西，但偶爾脫軌尋回真正的自己，不是比任何事情來得更重要嗎？只有想清前路並認真前進，才是真正的人生。

DAY 82　省了不少的「一鍋到底」

前兩天在旅遊中心無意中看見南部有一個名為隆達的城鎮，相片美得像一幅風景畫，尤其是那高低起伏的城市地貌和純白色的矮小房屋，看起來似真如幻，所以決定親身前往這個迷人的山城小鎮感受它的魅力。

古老的山城有著如嘉年華般的可愛裝飾。

岸上的房子與建築正是吸引各地
遊客前來的原因之一。

隆達是一座矗立在山崖上的舊城，沒有繁華的街道，更沒有名牌商店，但特殊的地理環境讓它成為太陽海岸的著名旅遊城鎮之一，每年吸引無數世界各地的遊客專登前來。漫步於大街小巷，感覺每一個空間都與之前所看過的西班牙完全不同，彷彿時間並沒有為隆達帶來太多改變，一切都停留在數百年前，無論是狹窄的石板小路，或是白牆棕頂的小屋，都散發著一種歷史的味道。當然，老舊的馬車早已變成汽車，當地居民衣著也換成休閒服裝，但撇除這些時代進步的產物，只看環境和建築的話，還是能夠感受到那舊時風情。

於 1751 年開始修築的 Puente Nuevo，歷時 42 年才完成整項工程，這道跨越 120 米深谷的橋樑，不但可以俯瞰河流 Rio Guadalevin，還可以眺望隆達的峽谷，以高角度來欣賞整個山城的景色。站在三百多年歷史的橋樑上，聽著山谷的風在耳邊流動，橋下傳來陣陣流水聲，雖然偶爾有車子在身後經過，但依然無損自己的心情。

除了可以在 Puente Nuevo 俯視隆達，還可以選擇走到橋樑對岸的城區，沿著小徑往山下走到山谷位處的 Rio Guadalevin，在河流的一邊往上看，宏偉的自然峽谷景觀及高聳的橋樑映入眼簾，突然感覺自

省錢小撇步

如果偶爾想念家鄉的
中式味道，可是又不
想花錢去吃昂貴的中
餐廳，可以帶備小包
的中式醬料，或是在
當地超級市場購買，
用來炒肉和炒意大利
麵也很好吃。

**DAY82 行程：
隆達**

- Parque Alameda del Tajo
- Plaza de Toros
- Carrera Espinel
- Puente Nuevo
- Palacio de Salvatierra
- Arco de Felipe V

己非常渺小，忍不住驚嘆山城之美。

隆達的物價相對馬拉加低一點，回去旅舍前順便在市場買點蔬菜和牛肉煮晚飯，又成功省下一分半毫。

窮遊歐洲差不多三個月，除了機票、住宿要盡量壓至最低之外，到埗後的交通也是省錢重點，像是之前説過提早購買跨境車票、市中心內走路代替乘車等，而另一筆可以減少的開支，還有一日三餐的膳食費用。因此在這段歐遊時間，差不多都是自己動手處理每日膳食，連同偶爾外出用餐和買食材的「總食物開支」，平均算下來每頓花費都是HK$12內完成，有肉有菜有湯有麵，加上水果和乳酪，絕對沒有讓自己餓肚子。

我本身對於吃的要求也不高，因此大多採用「一鍋到底」的方式處理，簡單來説就是將食材洗淨後直接放入鍋子中一併烹調，只要等待熟透就可以開動。的確，賣相不可能和餐廳料理相提並論，可是煮出來的味道卻還不錯。煮了大約三個月的「一鍋到底」，地獄料理好像已經慢慢在進步，對於火候掌握、食材分量控制比剛到英國的時候好得多，相信旅程結束回家之後，應該可以好好研究這段日子的食譜，發行一本「10分鐘快速晚餐（地獄料理）」的書了。

色彩繽紛的外牆讓人感覺整個城市充滿活力。

DAY 83　美得像明信片的塞維亞

不知道從哪時開始，對於西班牙的印象是一個充滿活力和開心的國度，像是陽光般帶來溫暖。是因為膽識過人的鬥牛勇士？或是熱情奔放的佛朗明哥舞者？只不過來到西班牙差不多 10 天，去過繁榮的都市與近郊的小鎮，但始終沒有出現印象中的「活力西班牙」，正以為是自己一直以來都誤會這個國家之時，沒想到到達塞維亞後，就馬上證明西班牙的確與想像中一樣！

踏出塞維亞火車站，眼前出現一棟棟七彩繽紛的房子，用色之多實在令人驚喜，彷彿為城市添上迷人的衣裳，令街道看起來變得充滿活力。走在寬敞的行人路上，兩邊是高矮不同的「糖果屋」，自己就像是不小心闖入童話世界的小矮人，在夢幻的樓房中來回穿梭。

在塞維亞的大街小巷之中，隨手舉起相機都能拍到漂亮的照片，不論是窄狹巷弄中的壁畫、藏身住宅之中的教堂，或是轉角餐廳的金屬擺設，一切看起來不可能組合在一起的元素，都是構成塞維亞的重要部分。有時候安靜地蹲在巷子角落，看著那片鵝黃色的外牆，再看著旁

Torre del Oro 是建於
十三世紀的軍事瞭望塔。

邊的鏤空雕花露台，突然飛來一隻肥胖的鴿子，構圖來得隨意又特別，任性地按下快門，休閒的午後攝影時光在塞維亞輕鬆完成。

出發前在網上看過許多有關歐洲國家的治安問題，像在西班牙遇到小偷，錢包、護照通通被偷走，但這些最終並沒有變成令我卻步的原因，也慶幸自己沒有因別人的不愉快印象而錯過了自身的美好經歷，只要敢用自己的雙腳走遍地球、用雙眼欣賞美景、用雙耳傾聽世界、用心體會異地文化，也許會慢慢發現原來世界上的一切都必須靠自己來感受，只有自己的心才明瞭世界之美。

「我說塞維亞很美，那你覺得呢？」

DAY 84　夏日限定的觀光小船

因為晚上就要坐火車回馬德里，準備明天乘搭中午的飛機回家，所以在塞維亞的最後一天特意早點起床，把想去的地方都走一遍。塞維亞的陽光還是和平日一樣猛烈，萬里無雲的天空只看見一片蔚藍，熾熱

恍如貴族後花園的 Parque de María Luisa。

的太陽快要將我頭上的帽子燒掉，可能《西遊記》中的火焰山就是和塞維亞的大馬路一樣吧？

歐洲人不喜歡在街上撐陽傘，彷彿不會曬傷似的。記得當初到英國的時候，有一段時間沒有特意在身上塗防曬霜，結果差不多三個星期後突然發現腳踝那邊露出來的部分居然曬成比平時再黑幾度的膚色。經過那次教訓，就算出門再怎麼趕時間還是會做好防曬和戴帽子，免得曬黑又中暑就麻煩了。

走進 34 公頃大的 Parque de María Luisa，彷彿來到沙漠中的綠洲，一大片整齊規劃的參天大樹為公園的行人道形成天然屏障，擋住猛烈的夏日陽光，走在路上欣賞陽光與樹木之間的光影，好像是一場有趣的影子劇場，每一秒都有獨一無二的變化。小徑兩旁種滿翠綠的灌木

Plaza de España 以摩爾復興風格建築而成。

廣場周邊的彩繪磁磚拼貼。

叢和各式各樣的花卉，前段可以看見以攀藤植物形成的天然花草隧道，後段有以人手修葺的花園景觀，每一段亦有其特色。

公園旁邊是 Plaza de España，這個廣場在 1929 年的拉丁美洲博覽會時建成，整整花了八年才完工，其後又陸續修建劇院及博物館，規模十分龐大，要是想慢慢欣賞整個西班牙摩爾復興建築群，至少需要用上幾個小時。紅磚建築座落於巨大的半圓形廣場四周，呈現馬蹄形的佈局，拱形的走廊空間及尖頂設計有如令人回到二十世紀初的西班牙，但我最喜歡的部分是在外牆及廣場周邊的磁磚作品，繽紛的磁磚上繪上各式各樣的花紋、圖案，不僅美觀，還可以透過不同的花樣帶出西班牙文化。

DAY84 行程：
塞維亞

- Parque de María Luisa
- Plaza America
- Plaza de España
- Cathedral of Sevilla

廣場由一條護城河包圍，若是已經被西班牙的夏日陽光打敗，身上旅費又充足的話，可以選擇乘搭觀光小船，在清涼的河水上穿越護城河的拱橋，以不同的角度去看 Plaza de España。聽說觀光小船只在夏天開放乘搭，冬天的話則只能看到乾涸的河道，不過我覺得沒有必要為了小船而特意在夏天來塞維亞，因為天氣真的是太熱了！

一眨眼已經來到旅程的最後一天。

DAY 85　在獨遊旅程的收穫

早上七點多就睜開眼睛，難得地沒有賴床，一大早出門到咖啡店吃早餐，順便到超級市場買點食材，享受最後一個在西班牙的早上。不是，應該是享受這趟獨遊歐洲旅程的最後一個早上才對。

原本以為 86 天的旅程會很漫長，當初未出發時也曾經懷疑過長時間一個人在外地，到底自己有沒有辦法支持到旅程結束的那一天，甚至有可能要中途重新買回程機票回家。沒想到時間好像才過一陣子，就已經突然跳到結尾，所有事情彷彿只是一場短暫而真實的夢境。直到現在準備要離開西班牙，心裡隱約還是有一種不踏實的感覺，大概這是人生中第一次有如此接近虛幻的真實。

還記得六月剛到達蘇格蘭的時候氣溫只有攝氏四度，每天出門必須穿上羽絨外套和圍巾，將自己包得像粽子一樣；規律地完成預先編排的路線，不敢在大街小巷穿梭；偶爾面對熱情的陌生人會感到害羞，即使別人主動和自己說話，卻依然不敢和別人多聊；躲在廚房的角落準備晚餐，卻總是煮出一大堆奇怪的東西。

現在跨越不同的國家、城市來到西班牙，氣溫已經高達攝氏 38 度，熱到令人只想一絲不掛地在家吹冷氣；行程變成可有可無，每天只是隨意地亂逛，看到公園、海邊便過去散步；經常勇敢地用不算很好的英文和陌生人說話，有時候碰到路人還會試著跟對方搭訕；把地獄

省錢小撇步
西班牙有一種麵包店，外面放滿不同類型的麵包，客人可以選擇在店內享用麵包及咖啡，會比一般的餐廳早餐便宜，而且更能體會當地早餐風格。

在機場等候回程的航班。

「一鍋料理」發揮到極限，還笑著和外國人說失敗的炒飯就是「Hong Kong Style Risotto」。

現在回頭看，自己好像真的在這次旅途中長大許多，不只是身體變得強壯，而是心靈上有所得著。

在這 86 天的旅程並不是全部事情也如想像中順利，不僅試過在大雨時背著行李走山路找旅舍，也試過差點趕不上提前預訂的巴士、火車，還有因為不甘心半路折返而堅持暴走六小時後磨至雙腳流血，甚至在旅舍碰到變態大叔，半夜突然在床邊裸體……但這些小挫折在旅程後已經變得不值一提。相比之下，在旅途中看過的每一幀風景、遇上的每一位新朋友、走過的每一個城市，才是真正值得記下的美好回憶。

以為自己在這段旅程中成功轉變為瀟灑的旅人，可以像徐志摩一樣「揮一揮衣袖，不帶走一片雲彩」，沒想到坐上飛機後，不捨的心情才一點點地從心底湧現，旅程中的畫面像幻燈片一樣，在腦海中一張一張重新播放一遍。此刻看著窗外的層層雲海，不禁心想：下次的一個人長途旅行會是何時呢？

DAY85 行程：
馬德里

• City center

DAY 86　回到原點

回程航班依舊是乘搭俄羅斯航空，只是幸運地不用像去程航班般轉機
兩次，只需要從馬德里飛往莫斯科，再轉飛回香港便可以，差不多需
要 16 個小時，可是全程居然因為時差而半點睡意都沒有，也幸好在
機途中沒有睡著，才能一次過達成三個願望：看日出、日落、雪山！

這幾年乘搭飛機出國的次數不少，可是每次出門的時候要不天氣不
好，要不時間不對，從來沒有試過在飛行途中遇見日出、日落、雪山
景色。沒想到在歐遊的最後一程飛機，終於讓我在高空看到一直渴望
親眼目睹的景觀，先是看到西伯利亞的一大片純白雪地和雪山，然後
看見被日落染成橘藍色、紫紅色的天空，再從海平線看著太陽漸漸在
遠方升起來，能夠以日出、日落、雪山作為旅程結尾，總算是不枉此

86 天的歐洲之旅圓滿結束。

行。到底是多幸運的人才可以在同一段航程中看遍三種美景呢？

在莫斯科轉機的時候碰巧遇上大學教授，而且是當初取錄我的面試官，大家先是嚇一跳，心想：怎麼在小小的學校碰面沒幾次，反而會在外國機場見面？記得五年前高考結束後，選擇到樹仁大學的新聞與傳播學系面試，那時候不知從何而來的想法，只是覺得新聞系好像頗適合喜歡寫字和攝影的自己，可是由於公開考試成績不夠別人優秀，心裡也知道不太可能成功，

不過人生總是充滿驚喜，衷心感激面試時遇上這位不只是看重成績的教授，讓我在大學時期尋找屬於自己的方向。如果當初沒有順利入讀新聞與傳播學系，我想今日的我可能只會在現實世界中浮沉，終日為五斗米折腰，未必能夠繼續以文字、照片來分享旅途點滴，更不可能成為教授口中的「旅遊達人」。能在別具意義的畢業旅行結束之時，碰上其中一位對自己人生有重要影響的人物，也是一份難以言喻的感動和緣分。

DAY86 行程：
香港

隨著飛機降落香港國際機場之時，亦代表一個人的 86 天的歐洲旅遊正式畫上句號。未來的日子和路途不知道會是如何，或許是順利找到熱愛的工作、或許是繼續在世界各地流浪、或許是艱苦地在社會掙扎求存……但我確信「愛旅行」的心永遠不變，就讓自己和「旅行」幸福快樂地生活下去吧！

Travel 18

只花$2.3萬 平遊歐洲86日

作者	Stella Yeung
出版經理	呂雪玲
責任編輯	何欣容
書籍設計	Kaman Cheng
相片提供	Stella Yeung
插畫設計	Moko Cheung

出版	天窗出版社有限公司 Enrich Publishing Ltd.
發行	天窗出版社有限公司 Enrich Publishing Ltd.
	九龍觀塘鴻圖道 78 號 17 樓 A 室
電話	(852) 2793 5678
傳真	(852) 2793 5030
網址	www.enrichculture.com
電郵	info@enrichculture.com
出版日期	2017 年 6 月初版

承印	百樂門印刷有限公司
地址	香港將軍澳工業邨駿光街三號
紙品供應	興泰行洋紙有限公司

定價	港幣 $118 新台幣 $480
國際書號	978-988-8395-47-7
圖書分類	（1）旅遊　（2）文化觀察

支持環保 此書紙張經無氯漂白及以北歐再生林木纖維製造，並採用環保油墨。